하루 5분 부자노트

인생이 바뀌는 진짜 돈 공부

하루 5분 부자노트

인생이 바뀌는 진짜 돈 공부

윤성애 지음

프롬북스
frombooks

돈 공부, 왜 해야 할까요?

'여기 왜 나밖에 없지?'

한국경제교육학회에서 주최하는 학술대회에 갑니다. 지도를 들고 상쾌한 기분으로 길을 걷고 있는데 한눈에 보아도 외쿡인인 사람들이 저에게 다가오고 있습니다. 다른 사람에게 물어보라고 손짓하고 싶었지만 도와줄 사람이라고는 저뿐. 영포자인 제 심장은 쿵쾅쿵쾅. '이럴 줄 알았으면, 영어공부 좀 해둘걸.'

절실하게 영어의 필요성을 느낀 건 그때가 처음이었던 같습니다.

"!@#$%~ @$^&##!?"

나도 그 사람도 서로 답답하기는 마찬가지. '얘들은 왜 한국어도 모르면서 한국에 온 거지!' 생각할 때 다행히 우리 말을 유창하게 구사하는 외국인 한 분이 있네요.

"저희는 ○○학회 때문에 왔는데, 여기 어디로 가면 돼요? 어디서 오셨어요? 어머, 제 친구도 대구에 있는데."

그렇게 한참을 떠들다가 사라졌습니다.

모른다는 건 참 불편한 일입니다. 언제 영어를 써야 할 순간이 닥칠지 알 수 없습니다. 하지만 외국에 나가지 않는다면 영어를 쓸 일이 그리 많지 않을 수도 있습니다.

그럼 돈은 어떤가요? 먹고사는 일에 돈과 동떨어진 것들이 과연 몇이나 될까요? 돈은 인생과 직결됩니다. 삶이 불편하지 않으려면 돈을 알아야 합니다. 그런데 많은 분들이 "돈 공부를 왜 해야 하나요?" 하고 묻습니다. 돈 공부, 왜 해야 할까요?

잃지 않기 위해서

오랫동안 소식이 뜸했던 친구에게서 연락이 왔습니다. '확정일자'를 검색하다가 제가 쓴 칼럼을 봤다면서요. 같이 일하는 분인데 전세로 얻은 집이 경매로 넘어가게 생겨 인터넷을 검색해봤는데 제 글이 나왔다고 하더군요.

안타까웠습니다. 전세금을 지킬 수 있는 제도는 많이 있습니다. 저에게는 결혼 준비를 하면서, 혹은 전세 만기가 되어 다른 집과 전세 계약을 하면서 연락이 오는 지인들이 많습니다. 그분을 미리 알았더라면 도움을 드릴 수 있었을 텐데 하는 아쉬움이 남습니다.

절실하게 돈 공부를 하는 분들을 보면 "전세금을 떼이고 나서야 돈 공부를 시작하게 되었다"라는 말씀을 많이 합니다. 전세금뿐일까요? 절세와 대출 관리 등도 자산을 지키는 길입니다. 돈 공부를 하면 적어도 피 같은 돈을 지키는 방법을 배울 수 있습니다.

기회를 갖기 위해서

최근 학술대회가 있었습니다. 이런 좋은 기회를 놓칠 수 없죠. 이번에도 저는 놀러갔습니다. 연구원, 교수님 등이 발표를 하고 토론을 하는 방식이었습니다. 오후에는 일본인 교수님과 대학생의 발표가 있었습니다. 일본어로 발표하면 재일교포 학생이 한국어로 통역해주었습니다. 저는 일본어를 들을 때마다 답답함을 넘어 영혼이 안드로메다로 가는 듯했습니다.

짧지만 무척 길게 느껴졌던 발표가 끝나고 드디어 토론시간. 토론을 맡은 분은 한국인 교수님. 교수님의 말씀이 끝나고 재일교포 학생이 통역을 하려 하자 교수님은 손으로 괜찮다는 사인을 보냈습니다. 그러고는 직접 일본어로 이야기하기 시작합니다. 어려운 경제용어까지도 말이죠. '멋짐 폭발이란 저런 것인가!'

통역을 해주던 학생의 일은 끝난 듯 보였습니다. 학술대회가 끝나고 나중에 여쭤보니 일본어를 독학으로 공부하셨다고 해요. 프리토킹이 가능할 정도면 얼마나 노력했을지……. 일본에서 우리나라에 왔듯 우리나라에서 일본에 갈 일이 생긴다면 아마 그 기회는 일본어

공부를 해온 그분에게 돌아가지 않을까요.

대부분의 공부가 그런 것 같습니다. 공부할 때는 이게 과연 필요가 있을까 싶으면서도 배워두면 언젠가는 써먹는 순간이 옵니다. 공부는 더 많은 기회를 잡을 수 있도록 도와줍니다. 돈 공부를 한다 해서 꼭 부자가 된다는 보장은 없습니다. 하지만 돈 공부를 해두면 부자가 될 기회가 더 많이 주어질 것입니다.

후회하지 않기 위해서

경제·금융 교육 전문강사인 저는 5세 미취학 아동부터 85세 어르신까지 전 연령을 대상으로 강의를 합니다. 주제는 생애주기별로 제각각입니다. 어린이의 경우는 화폐, 청소년은 용돈 관리, 성인은 재무관리 등이죠. 연령별로 주요 관심사 역시 다릅니다.

미취학 아동~초등학생 저학년: 장난감, 똥, 방귀

초등학생 고학년~중학생: 연예인, 게임

고등학생: 수능, 진학

20~30대: 취업, 연애, 결혼

40~50대: 부동산, 창업

60대 이후: 건강

한번은 강의를 마치자 제 강의를 무척 재밌게 들으셨다는 어르신이 자신의 인생 이야기를 하기 시작했습니다. 장장 30분이 넘게 얘기해주셨는데요.

젊었을 적 어마어마하게 잘나가셨다는 어르신.

"내 때는 차는 그랜저, 신발은 금강제화가 최고였어. 그래서 차만해도 숱하게 바꿨지."

지인과의 카톡 내용을 보여주며 연이어 이야기하셨습니다.

"주변에서는 집도 몇 채, 땅도 있고 돈을 어마어마하게 모아놨을거라 생각해. 하지만 지금 내게 남은 건 집 한 채가 전부야."

그분께서 마지막에 '경제 교육'이 꼭 필요하다고 얘기하시며 씁쓸하게 한마디 하셨습니다.

"젊었을 때 돈 관리를 잘했더라면……."

미리 돈과 인생에 대한 목표와 전략을 세웠더라면 어땠을까요? 그럼 지금도 행복하고, 나중에도 행복할 방법은 무엇일까요? 사람마다답은 다를 것입니다.

『하루 5분 부자노트』는 '인생 책'입니다. 우리는 살면서 다양한 이벤트를 맞이합니다. 취업, 결혼, 출산, 주택 마련, 그리고 노후까지. 여기에 필요한 재테크의 핵심만 담았습니다. 목돈을 모으기 위한 돈 관리 방법부터 당장 또는 조만간 해야 할 연말정산과 부동산 거래에 대한 상식, 대출, 보험, 그리고 100세 시대의 노후 준비 방법까지. 그야말로 인생 A to Z!

『하루 5분 부자노트』는 '맞춤 책'입니다. 지금은 맞춤시대. 직접 쓰면서 정리해보는 '나'만의 재테크! 돈을 말하다보면 인생이 보입니다. 돈과 인생에 관한 복잡한 생각을 정리하고 해법을 찾아가는 힐링 여정을 떠납니다.

마지막으로 『하루 5분 부자노트』는 '빅웃음'을 줍니다. 무겁고 노잼인 재테크 책은 No! 꿀잼을 선사할 저 세상 텐션의 쉬운 돈 공부!

이 책의 독자 중에는 사회초년생도 많을 텐데요, 인생에서 가장 체계적인 계획이 요구되는 시기입니다. 이 책이 연말정산이 생소하기만 한 신입사원 입사 선물 잇템 1위, 결혼을 준비하는 예신 예랑과 내 집 마련을 꿈꾸는 신혼부부 책장에 없어서는 안 될 1,000만의 지침서가 되면 좋겠습니다.

많은 분들의 도움이 없었다면 『하루 5분 부자노트』는 빛을 볼 수 없었을 것입니다. 하나라도 더 직원들에게 도움이 되기를 바라며 미팅과 잦은 연락을 통해 직장인 재무관리에 필요한 주제와 아이디어를 말씀해주시는 기업체 인사팀 담당자님, 사회초년생이 될 졸업생들을 위해서 재무교육에 필요할 내용을 챙겨주시는 학교 선생님과 기관 관계자님. 강의뿐 아니라 이 책의 주제를 구성하는 데도 많은 도움이 되었습니다. 감사합니다.

연 100회 이상 경제 강의를 다니면서 숱한 질문을 받아왔습니다. 그 질문들이 있었기에 이 책이 나올 수 있지 않았을까 생각합니다. 지면을 통해 감사의 말을 전합니다. 돈에 대한 궁금증이 있으면 바로 저를 찾아주는 친구들과 지인들에게도 감사합니다. 오히려 제가 더 많이 배울 수 있었습니다. 항상 격려해주고 힘이 되어주는 가족들에게도 늘 고맙고 사랑합니다. 얘기하다 보니 연말 시상식 같네요.

끝으로 책의 방향성을 제시해준 프롬북스에도 깊은 감사의 말을 전함과 동시에 무궁한 발전을 기원합니다.

차 례

월급쟁이 부자되기

알아두면 쓸 데 많은 신비한 금융지식

100세 시대를 준비하는 재테크

- **이름은 무엇인가요?**

  _____

- **성별은 무엇인가요?**
  ☐ 남   ☐ 여

- **나이는 몇인가요?**

  _____

- **결혼은 하셨나요?**
  ☐ 미혼   ☐ 기혼

- **가족은 몇인가요?**

  _____

1부

월급쟁이
부자되기

돈? 돈!

꿈을 그려보자

돈이란 무엇일까요? 어떤 사람은 돈이 최고라고 말합니다. 또 어떤 사람은 돈은 여자친구라고 합니다. 없기 때문이래요.

사실 돈은 돈일 뿐입니다. 인생의 목적이 아닙니다. 꿈을 이루기 위한 수단입니다.

자, 좋습니다. 이제 당신의 꿈을 이루기 위한 돈 공부, 본격적으로 시작해볼까요? 재무적인 목표부터 시작합니다. 재무적인 목표는 비재무적인 목표로부터, 비재무적인 목표는 꿈으로부터 시작합니다. 꿈을 그려보는 것이 중요합니다. 그래야 꿈같은 내일을 살 수 있으니까요.

꿈 → 비재무적 목표 → 재무적 목표

미국 행동과학연구소NTL, National Traning Laboratories가 발표한 「학습효과 피라미드」의 '24시간 후 평균 기억 비율'을 보면 읽기는 10% 정도를 기억하고, 듣고 볼 때는 20% 정도를, 그리고 직접 해볼 때는 75%를 기억한다고 합니다.

현재 학생 대상의 수업은 듣기만 하던 수업에서 체험형 수업으로 조금씩 변화하고 있습니다. 체험형 수업이란 직접 참여하고 경험하는 수업을 말합니다. 실제로 강의할 때 학생들은 보면 직접 무언가를 할 때 더 잘 기억하고 학습효과 또한 좋았습니다.

연수에 가면 강사가 학생이 되어 직접 참여하는 수업을 받습니다. 제가 제일 좋아하는 방식입니다. 재밌기도 하고 기억에도 훨씬 잘 남습니다. 그리고 보면 학생 교재 중에는 직접 생각하고 풀어보는 형태의 책이 많습니다. 그럼 성인 대상의 책은?

제가 요청받는 강의는 수십, 수백 명을 대상으로 저 혼자 떠드는, 말 그대로 강의식 교육이 대부분입니다. 그러나 성인도 학생과 다르지 않습니다. 직접 생각하고 적어보는 교육이 재미도 있을뿐더러 남는 게 훨씬 많습니다. 저는 이 책이 덮고 나서 '내가 뭐 읽었더라?' 하고 생각도 안 나는 그저 그런 책이 되지 않기를 바랍니다. 이 책이 그저 그런 책이 될지 인생 책이 될지는 지금 이 책을 읽는 당신의 손에 달려 있습니다.

학창시절 전교 1등인 친구의 필통을 본 적이 있습니다. 필통 속에는 빨간색, 파란색, 검은색 볼펜 그리고 연필 등이 들어 있었습니다.

꽹장히 간단했어요. '오호라, 이 친구가 공부 잘하는 비결은 바로 이 거였군.' 다음 날 저도 모나미 볼펜 세 자루를 샀습니다. 하지만 볼펜 만 산다고 공부를 잘하는 건 아니었어요.

학교에서 열심히 공부하던 때를 생각해보세요. 필기하고, 형광펜 을 긋고, 빨간펜으로 수없이 별표를 쳤을 거예요. 저는 이 책이 당신 의 학창시절 노트처럼 너덜너덜해지기를 소망합니다. 적자생존이라 고 합니다. 적읍시다! 적는 자만이 살아남는 법.

숙제 하나를 드릴게요. 필기구를 드세요. 어릴 적 많이 해보던 마인 드맵입니다. 주제는 '꿈'입니다. 강의하면서 꿈에 대해서 그려보자고 하면 아이보다 어른이 더 힘들어합니다. 꿈을 잊고 지낸 시간이 오래 여서 그런지 모르겠습니다. 거창하지 않아도 좋습니다. 사소한 꿈도 괜찮습니다. 꿈에 대해 생각나는 것들을 다 적어보세요.

· 갖고 싶은 것
· 가고 싶은 곳
· 하고 싶은 것
· 먹고 싶은 것
· 배우고 싶은 것

어떤 것도 괜찮습니다. 예를 들어볼까요? '아프리카 여행'이 꿈이 라면 이런 마인드맵을 그릴 수 있습니다.

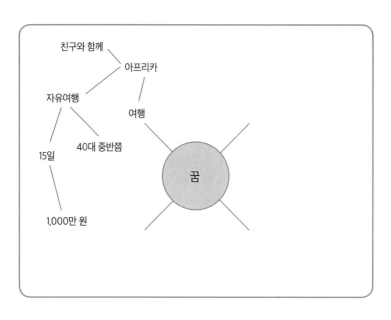

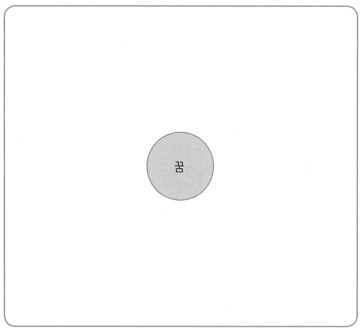

꿈과 돈의 연결고리

꿈 중에는 재무적인 목표가 수반되는 것이 있을 수도 있습니다. 예를 들어볼까요? 제 차는 2005년식 일명 똥차. 골목길을 가는데 스르륵 조수석 문이 열리는 거예요. 깜짝 놀라서 비상등을 켜고 차에서 내려 반대편 문을 닫았습니다. 하지만 잘 안 닫힙니다. 악! 첫사랑을 만나도 이렇게 심장이 쿵쾅거리지는 않을 것 같아요. 서비스센터에서 3만 4,000원이라는 저렴한 금액으로 수리했습니다. 하지만 고속도로를 제집 드나들듯 달리는 저는 불안함을 쉽게 떨칠 수 없었습니다. (이러다 죽을 것만 같았어요.)

이후 몇 개월이 지나 11월이 되었어요. 차는 11월, 12월쯤에 사는 것이 저렴합니다. 연식이 바뀌기 때문에 혹은 딜러의 판매실적 등 다양한 이유로 혜택도 많습니다. 그런데 11월에 차를 사려고 하자 조금 있으면 1월, 즉 강의 비수기인데 신차를 사는 게 어딘지 모르게 마음이 불편했어요. 그렇게 질질 끌다보니 2019년이 되었습니다. 여기서 반전! 신차 이벤트가 매달 있더라구요. 내용이 바뀔 뿐.

차를 저렴하게 사는 또 다른 방법은 모델이 바뀌기 전에 사는 것입니다. 풀체인지 등 차종의 외형이 바뀌기 전 통 큰 이벤트를 진행하는 편입니다.

일시불 결제도 있습니다. 할부는 매달 일정 금액을 나눠서 내므로 큰돈이 없어도 차를 살 수 있는 장점이 있습니다. 하지만 그 대가, 즉 이자를 부담해야 하죠. 일시불로 산다면 이자를 부담하지 않는 건 물론이거니와 일시불 혜택, 예를 들어 1% 이상의 캐시백을 받을 수 있다는 점! 현금이 있어도 카드 캐시백을 받고자 일시불 결제를 하는 거죠. 이처럼 물건을 살 때는 돈을 모아서 사는 것이 이득입니다.

돈이 필요한 목표가 있다면 미리 계획이 필요합니다. 1년 안에 이루고 싶은 단기목표에 대해 한번 적어볼까요?

단기목표

무엇을?

얼마가 필요?

언제까지?

매월 얼마씩?

인생은 이벤트의 연속

앞으로 살아갈 날들에 대해서 생각해봅시다. 이제부터 우리 삶에는 많은 일이 생길 거예요. 여자친구나 남자친구가 생길 수도 있고, 사랑하는 사람과의 결혼! 그리고 둘을 닮은 예쁜 아가의 탄생. 인생 최고의 순간일 것입니다. 진급하는 날, 아이가 학교에 가는 날도 있죠. 기쁘기는 하지만 교육비 생각에 마냥 좋지만은 않을 수도 있어요. 아이의 학교 입학과 동시에 사교육도 시작될 수 있기 때문입니다. 아이가 사춘기가 되었어요. 시간이 흘러 나는 퇴직하고 아이는 결혼을 하고.

그렇다면 우리 일생의 수입과 지출 곡선은 어떨까요? 쭉 우상향이면 좋겠지만 아쉽게도 그렇지는 않아요. 일정 나이까지는 상승하다가 어느 시점을 기준으로 내리막이 됩니다. 소득보다 적었던 지출이 소득보다 더 많아지는 시기가 찾아오게 됩니다.

필요자금에 대해서 알아볼게요. 결혼자금, 주택 마련자금, 양육비와 교육비가 있겠죠.

· 결혼 비용: 평균 4,590만 원. 신혼집 제외(한국소비자원, 2017)
· 신혼집 비용: 서울 평균 전세금 1억 8,400만 원(KB부동산 리브온, 2019)
· 양육비: 자녀 1인당 2억 6,200만 원 추정(한국보건사회연구원, 2010)

노후자금은 어떨까요? 60세부터 25년 간 매달 200만 원 정도의 생활비가 필요하다고 가정하면 총 6억 원. 노후자금만으로도 적어도 5억에서 7억 원 정도의 자산이 필요하다는 계산이 나옵니다. 다 합쳐 총 10억 원 이상은 있어야 한다는 결론입니다.

하나의 이벤트가 끝나면 다음 이벤트에 집중해야 합니다. 늦어도 40대에는 노후 준비를 해야 하기 때문이죠. 예를 들어볼까요.

생애 이벤트		
연도	이벤트	필요 자금
2020	다낭여행	70만 원
2025	결혼+전세금	1억 원
2027	출산	500만 원
2045	대학등록금	600만 원

사람마다 다를 수 있습니다. 자신의 삶의 방식에 맞춰 생각해보세요.

생애 이벤트		
연도	이벤트	필요 자금

돈이 많다면

고민에 빠진 J씨. 소가죽에 심플한 디자인, 거기다 저렴한 가격까지! 그랬던 신발이 2년이 지난 지금 낡을 대로 낡았습니다. 똑같은 신발을 계속 찾아봤지만 이제는 그때 그 가격으로는 살 수가 없습니다. 심지어 구하기도 쉽지 않았죠. 어쩔 수 없었습니다. 비슷한 디자인에 가죽이면서 심플한 디자인의 다른 신발을 찾았습니다. 두 가지 디자인이 있습니다. 같은 상표의 A와 B는 비슷한 듯 보였지만 다른 점이 몇 가지 있었습니다.

	A	B
공통점	가죽 소재, 심플한 디자인, 같은 상표, 정가 같음	
차이점	상표 표기: 금장 장식	상표 표기: 자수 처리
	빗살무늬 가죽	민무늬 가죽
	하부 고무 색깔: 아이보리	하부 고무 색깔: 화이트
	할인율이 높아 B보다 5,000원 저렴	할인율이 A보다 낮아서 5,000원 비쌈

결정장애가 오기 시작한 J씨. 결국 친구 찬스를 쓰기로 합니다. 단톡방에 신발 사진을 올립니다. 카톡! 카톡!

"나는 A"

"나도 A"

"나는 B"

"니가 신을 거냐ㅋㅋㅋㅋ"

친구들의 답변이 하나씩 올라옵니다. 드디어 많은 이들의 선택을 받은 A로 최종 결정!

만약 돈이 많다면, 아니 무한하다면 어떨까요? 친구들을 귀찮게 할 필요가 없었을 겁니다. 이런 고민 자체를 하지 않아도 됐을 것입니다. 둘 다 사면 되니까요.

• • •

Q

누구나 한번쯤 해봤을 상상, 돈이 많다면? 로또 1등에 당첨된다면 무엇을 하고 싶나요?

로또 당첨 확률은? 8,145,060분의 1. 비현실적인 숫자입니다. 그래서 좀 더 현실적인 질문을 드릴게요. 10만 원의 공돈이 생긴다면 무엇을 하고 싶나요?

위와 아래의 대답이 같은가요? 아마 다를 것입니다. 금액이 다르기 때문입니다. 첫 번째 질문처럼 돈이 무한정 있다면 돈 공부를 할 필요가 없을지 모릅니다. 하지만 돈은 무한하지 않습니다. 한정된 자산은 선택의 문제로 이어집니다.

오늘 저녁은

주말 저녁 엄마와 함께 예능 프로그램을 보고 있었습니다. 출연한 연예인들이 설전을 벌이더군요. "먹기 위해 사느냐, 살기 위해 먹느냐."

'닭이 먼저냐 알이 먼저냐'와 다르지 않은 질문이라는데 텔레비전을 보고 있는 우리에게는 너무나도 쉬운 질문이었죠. 어떤 사람들은 살기 위해서 먹는다지만 우리는 당연히 먹기 위해 산다고 이구동성으로 말했습니다. 뭐, 개취(개인 취향)니까요. 어찌 됐든 우리는 매일 이 같은 고민을 하고 또 선택합니다. '뭐 먹지?' 세상에는 먹을 게 너무 많아요. 하지만 먹을 수 있는 양은 한정적입니다. 갈등에 휩싸이는 일상을 볼까요?

· 패스트푸드점에서 여러 종류의 햄버거를 봅니다. 이것도 맛있고, 저것도 맛있는데……. 그러다 같이 온 친구에게 묻습니다. "넌 뭐 먹어?"
· 중국요리집에 전화를 걸기 전입니다. 짜장면을 먹을지 짬뽕을 먹을지 인생 최대의 고민. 짬뽕을 시켰는데 혹시나 짜장면이 더 맛있으면?
· 김밥의 천국집. 김밥만 파는 게 아니네요. 떡라면에 비빔만두까지. 문득 궁금합니다. 이모님은 어떻게 이 많은 걸 만드실 수 있는지.

식사시간이 다가오면 고민은 점점 더 커집니다. 말 나온 김에 음식 월드컵을 한번 해볼까요?

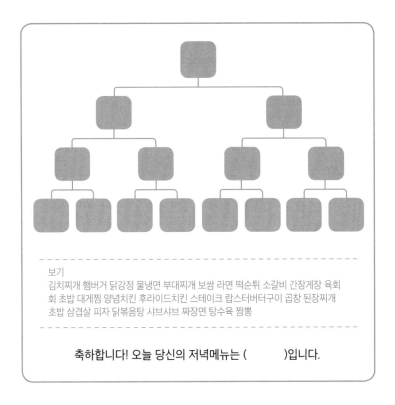

축하합니다! 오늘 당신의 저녁메뉴는 (   )입니다.

그런데 선택에는 기회비용이 따릅니다. 기회비용은 최종 선택을
하기 전 선택하지 않은 마지막 메뉴를 말합니다. 예를 들어볼게요.
저는 떡볶이를 좋아합니다. 그래서 어떤 물건을 사기 전에 가격을 들
으면 떡볶이 양을 떠올립니다. "이거 얼마예요? 네?! 3만 원이요? 3
만 원이면 떡볶이가 이만큼인데……."

떡볶이보다 가치가 있다고 생각되면 구매를 하겠지만 웬만해서 떡
볶이를 이기기는 쉽지 않습니다. 그래서 안 사요~ 하고 돌아서는 것
이죠. 포기한 떡볶이보다 선택한 물건의 가치가 더 커야 하니까요.

최고의 선택, 제 점수는요

Q 취업이 어렵다는데 몇 년의 고생 끝에 드디어 낙이 오는 걸까요. 그토록 바랐던 A기업에 합격했어요. 그런데 믿기지 못할 일이 더 생겼어요. 생각지도 못한 B기업에도 최종 합격했다는 거예요. 어디를 다녀야 할지……. A기업은 연봉이 세요. 하지만 선배들의 조언에 따르면 돈을 많이 주는 데는 다 이유가 있다고, 일이 그만큼 힘들다고. B기업은 연봉은 A기업에 비해 매우 낮은 편이에요. 하지만 근속연수도 길고, 안정적인 회사로 보여요. 어차피 같은 시간 일하는 건데 돈을 많이 받는 게 더 좋아 보이는 듯하다가도 돈은 적지만 오래 일할 수 있는 곳이 더 나은 것 같기도 하고, 정말 일생일대의 고민입니다.

A A기업을 선택하면 B기업을 포기해야 하고, B기업을 선택하면 A기업을 포기해야 하는 상황. 누군가에겐 부러울 수 있지만 본인에게는 매우 힘든 상황일 것 같습니다. 저라면 연봉이 센 곳을 가겠지만 말입니다.

Q 오늘은 목요일, 내일은 불금입니다. 내일 저녁 불타는 금요일을 어떻게 보낼지 벌써 고민이 됩니다. 남자친구랑 영화관에 갈지, 아니면 오랜만에 친구들과 만나 술이나 한잔 할지. 친구들을 보자니 남자친구가 섭섭해 할 것 같고, 남자친구를 만나자니 "남자친구 생기니까 친구는 안중에도 없니? 얼굴 좀 보자"라고 했

던 친구들이 마음에 걸립니다. 남자친구는 지난주에도 봤으니까……. 이번 주에도 또 보고 싶네요.

Ⓐ 그 사랑하는 남자친구가 남편이 되면 평생 쭉 봐야 합니다. 친구 어머니께서는 길을 가다가 멀리서 남편이 오는 모습을 보고 급하게 몸을 숨기셨다고 해요. 본능적으로……. 제가 결혼 전이었다면 당연히 남자친구를 봐야 한다고 얘기하겠지만 지금은 글쎄요. 도움이 못 되어 죄송하네요.

Ⓠ 그와 저는 서로 닮은 점이 많은 게 참 좋았어요. 하지만 이제는 잘 모르겠어요. 이제 그는 연락조차 거의 없어요. 제가 집착을 하는 건지, 아니면 그가 너무 무심한 것인지. 시간이 지날수록 너무 힘듭니다. 그렇다고 이별을 고하자니 이 사람과 함께한 시간, 에너지, 돈 그 모든 게 아무것도 아닌 게 돼버리는 것 같아서 두려워요. 이 사람보다 더 괜찮은 사람을 만날 수 있을지도 모르겠고요.

Ⓐ 한 사람을 사랑한다는 건 정말 큰 기회비용이 생기는 것 같습니다. 그 사람을 만나는 시간 동안 포기해야 하는 것들이 그만큼 많았다는 뜻이기도 하고요. 그런데 오히려 지금의 그 선택이 당신의 미래까지도 포기하게 만드는 건 아닐까요? 모르겠습니다. 문득 "똥차 가고 벤츠 온다"는 말이 생각납니다. 하지만 이것은 단지 저의 생각일 뿐입니다. 모든 선택은 당신에게 달려 있습니다.

이처럼 돈이 아니어도 선택과 결정 그리고 기회비용은 우리의 삶 곳곳에서 찾아볼 수 있습니다. 시간은 유한하고, 하나를 선택하면 다른 것을 포기해야 합니다. 돈에 관련된 것보다 오히려 인생에 관한 기회비용이 더 크고 중요할지도 모릅니다. 돈은 있다가도 없고 없다가도 생길 수 있지만 인생은 되돌릴 수 없기 때문이죠.

부자=다이어트?

매월 꽂히는 월급

다이어트와 부자는 닮은 점이 많습니다. 먼저 다이어트에 성공하는 방법은 두 가지입니다.

· 적게 먹거나
· 운동을 하거나

부자가 되는 방법도 간단합니다. '수입-지출=자산'이라는 기본 개념에서 두 가지 방법이 도출됩니다.

① 쓰는 것보다 많이 벌거나

①을 볼까요. 직장인의 경우 월급이 정해져 있고, 겸직이 가능한 곳은 그리 많지 않습니다. 즉, 지금 당장 소득을 늘리기란 현실적으로 어렵습니다. 그렇다면 남는 방법은 하나겠죠. 우리가 당장 할 수 있는 방법은 ②, 즉 버는 것보다 적게 쓰기입니다. 그래서 지출 통제가 중요합니다. 하지만 지출을 통제하기 전에 해야 할 것이 있습니다.

우리의 영원한 숙제 다이어트를 생각해볼까요? 어느 날 바지 단추가 잠기지 않습니다. 이상합니다. 엄마가 빨래를 잘못한 것 같아요. 그래서 다른 바지로 갈아입습니다. 마찬가지예요. 엄마의 잘못이 아닌 것 같은 느낌적인 느낌. 살이 찐 거였어요. OH, MY GOD! 급히 체중계를 찾습니다. 먼지가 자욱한 체중계를 물티슈로 대충 닦고 올라가봤더니 5kg이 넘게 쪘어요. 치느님을 영접하는 게 아니었는데, 후회가 밀려옵니다. 그래서 큰 결심을 하죠. 오늘까지만 마음껏 먹고 내일부터 다이어트를 하기로.

부자가 되는 법도 다르지 않습니다. 먼저 자신의 소득을 확인하고 돈을 어디에 얼마나 쓰고 있는지부터 알아봐야 합니다. 원천징수영수증 등을 준비해주세요.

연봉 실수령액

1년 상여금

(연봉 실수령액+1년 상여금)÷12개월=월 소득

다른 소득(투자소득, 기타소득 등)

나의 1년 총 소득

자산의 민낯을 마주하다

현금흐름 파악을 위해 가계부 작성을 추천합니다. '네에? 구석기 시대의 유물, 가계부를요?' 하고 고개를 젓는 분도 있겠지만, 가계부의 중요성은 강조하고 또 강조해도 부족하지 않습니다.

지금은 경제·금융 교육 전문가로 활동하고 있습니다만, 제가 처음부터 돈 관리를 잘했을까요? 그렇지 않습니다. '돈벌레'라는 별명은, 지금에야 '돈을 사랑해서 돈벌레'라고 하지만, 사실 어릴 적 아빠가 '돈 파먹는 돈벌레'라 해서 지어준 것입니다. 요즘 말로 하면 등골 브레이커였죠.

저는 컴퓨터 게임을 무척 좋아했습니다. 20년 전, 게임CD 한 장 가격은 적지 않은 돈이었어요. 3만 원, 6만 원, 심지어 9만 원이 넘는 게임도 있었으니까요. 매년 새로운 게임, 더 재밌는 게임이 나왔어요. 새로 출시되는 게임을 실행하려면 컴퓨터 또한 사양이 높아야만 했습니다. 그래서 매년 새 컴퓨터를 사달라고 졸랐어요. 사줄 때까지 "컴퓨터~ 사줘~" 노래를 불렀죠. 최신형 컴퓨터 가격이 300만 원대. 지금도 헉 소리 나는 금액인데 그때는 더했겠죠. 집이 잘산 것도 아닙니다. 부모님께서는 생계형 맞벌이셨거든요. 부모님 몰래 밤새 게임을 했습니다. 혹여 컴퓨터 전원 불빛이 보여 들킬까봐 지우개로 가렸죠. 그러던 어느 날 엄마가 저를 불러서 한마디 하십니다. "하루에 천 원씩 용돈 말고 한 달에 5만 원 받는 건 어때?"

오, 하루에 천 원씩 30일이면 3만 원인데 한 달에 5만 원이라니! 언뜻 생각해도 2만 원이 더 많아졌어요. 그래서 저는 바로 대답했습니다.

"좋아, 좋아!"

그런데 엄마가 연이어 말씀하셨어요.

"조건이 하나 있어. 그걸로 네가 사고 싶은 거 다 사야 한다."

그 말이 그렇게 무서운 말인지 몰랐습니다. 5만 원. 얼마 만에 다 썼을까요? 두 달? 한 달? 아닙니다. 이틀 만에 다 썼어요. 다음 날은 공휴일이라서 못 쓰고, 그다음 날에 게임잡지랑 게임CD 한 장 사니까 돈이 없었어요. 저는 아무렇지 않게 엄마에게 쫄래쫄래 가서 말합니다.

"엄마, 돈 다 썼어요. 돈 주세요."

엄마는 단호하게 말씀하셨습니다.

"없어. 한 달에 한 번만 주기로 했잖아."

정말 10원도 더 안 주셨어요. 학교 마치고 100원짜리 불량식품도 사먹지 못하니 너무 답답했어요. 그런데 가만히 생각해보니까 제겐 귀한 자산이 있었어요. 인적 네트워크. 친구 중에 문구점 딸이 있었어요. 외상을 시작했습니다. 장부에는 점점 외상거래가 쌓여갔어요. 이제는 갚지 않으면 안 될 정도로 많은 금액이 쌓여 엄마에게 말하지 않을 수 없었습니다. 눈물이 앞을 가렸어요. 맞을 것 같아서요.

엄마의 교육철학은 '나무'였어요. 나무가 곧게 크지 않으면 나중에 아무짝에도 쓸모가 없다고. 만약 나무가 옆으로 비딱하게 크면 때려

서라도 곧게 키워야 한다고 생각하셨어요. 저는 어땠을까요? 늘 곧게 컸을까요? 쉽게 예상이 되듯 저는 많이 맞으면서 컸습니다. 그래서 이번에도 엄청나게 맞을 것 같아서 눈물이 앞을 가렸어요. 울면서 엄마에게 사실을 고백했습니다. 그런데 상상도 못 했던 일이 일어났어요. 엄마가, 당연히 화부터 먼저 내실 줄 알았던 엄마가 아무 말이 없으셨어요.

"……."

한참이 지나도

"……."

그리고 나직이 한마디만 하셨어요.

"다음부터 그러지 마라."

그게 전부였습니다. 왠지 모를 감동이 밀려왔습니다. 저를 믿어줬다는 느낌적인 느낌. (순수했던 시절인 것 같습니다. 지금 생각하면 포기하셨던 것 같기도 한데……) 모든 빚을 상환해주셨습니다. 다음 달 용돈을 받았을 때 제가 처음으로 산 것은 게임CD가 아니었습니다. 바로 '용돈기입장'이었습니다.

용돈을 받고 어디에 썼는지 물건을 살 때마다 하나하나 적었습니다. 돈은 너무 쉽게 빠져나갔습니다. 돈을 지키는 것이 얼마나 어려운지, 돈의 가치가 얼마나 큰지 몸소 알 수 있었습니다. 저에게 게임CD는 너무 비싼 물건이었습니다. 용돈기입장을 쓰면서 게임을 끊었습니다. 오락실도 끊었습니다.

이후로 계속 용돈기입장을 작성했어요. 고등학교 때 한 달 지출은

300원. 정말 먹고 싶을 때 요구르트 하나씩 사 먹은 게 전부였습니다. 성인이 되어서는 용돈기입장이 아닌 가계부를 적었습니다.

가계부를 쓰지 않아도 부족할 때 카드 쓰고 다음 달에 결제하면 크게 문제없이 잘 굴러가니까 '내가 잘살고 있구나' 하는 착각에 빠지기 쉽습니다. 문제 자체를 인식하지 못합니다. 그러나 가계부를 쓰면 현실에 직면하게 됩니다. 현실 자각 타임이 오죠. 문제가 무엇이고 해결방법은 또 무엇인지가 보입니다. 이처럼 가계부는 중요합니다. 가계부를 쓰면 다음과 같은 좋은 점이 있습니다.

· 지출 내용을 알 수 있다.
· 불필요한 낭비를 줄일 수 있다.
· 꼭 필요한 곳에만 돈을 쓸 수 있다.
· 쓸 돈이 부족할 가능성이 줄어든다.

하지만 가계부를 쓰기란 현실적으로 쉬운 일이 아닙니다. 정신없이 바빴던 회사일을 뒤로하고 나의 스위트홈에 도착, 최애템(최고로 사랑하는 아이템) 늘어진 목티 홈웨어로 살포시 갈아입어주시고 소파에 몸을 맡깁니다. 이것이 진정한 물아일체. 저 멀리 있는 리모컨을 발로 쓱쓱 당겨와 텔레비전을 켭니다. '재밌는 거! 시선을 사로잡는 뭐 재밌는 프로그램 없나?' 채널 버튼을 누릅니다. 입맛에 맞는 프로그램을 발견, 텔레비전을 보며 히죽히죽 웃다 보니 어느새 자야 할 시간. 아, 내일 회사 가기 싫다는 생각이 머릿속을 채웁니다. 그리고 그냥 자는 게 억울해서 조금이라도 더 있다가 잠을 자러 가죠. 쉬어야 합니다. 쉬어야만 합니다. 그래야 하루의 피로가 좀 풀리는 것 같아요. 이런 이유가 아니더라도 꿀 같은 여유시간에 가계부를 써야 한다니, 피로감이 더 몰려오는 것 같아요. 잔액이 맞지 않으면 더더욱 스트레스입니다.

그런 당신을 위한 해결방법이 있습니다. 휴대전화에 가계부 앱을 설치하는 겁니다. 설치만으로는 절대 No! 매월 지출 내용을 확인하며 "이런 식~빵! 이걸 내가 왜 샀지?" 하는 피드백이 중요합니다. 자, 그럼 앱을 깔고 지출 내용을 확인해볼까요. 지출은 크게 두 가지로 나뉩니다. 변동지출과 고정지출. 먼저 변동지출은 아끼려면 아낄 수 있는 금액입니다.

항목의 예로는 식비, 생활용품비, 의류·미용비, 육아·교육비, 의료비, 문화·여가비, 경조·교제비, 교통비, 용돈, 자기계발비 등이 있습니다. 소비 항목대로 분류해서 적어볼까요.

다음은 고정지출입니다(42쪽). 매달 금액이 정해져 있는 지출입니다. 휴대전화 요금을 월정액으로 사용하고 매달 나가는 금액이 같다면 고정지출 항목으로 넣을 수 있고요. 만약 쓴 만큼 휴대전화 요금이 나간다면 고정지출이 아니라 변동지출 항목으로 써야 할 것입니다. 고정지출의 예를 들면 대출원리금, 보험료, 아파트 관리비, 수도

변동지출	
항목	월평균 지출금액
식비	
생활용품비	
의류, 미용비	
육아, 교육비	
의료비	
문화, 여가비	
경조, 교제비	
교통비	
용돈	
자기계발비	
공과금	
합계	

광열비, 공과금, 그리고 방금 설명한 휴대전화 요금 등이 있습니다.

고정지출	
항목	월평균 지출금액
보장성 보험료	
저축성 보험료	
수도 광열비	
휴대전화 요금	
학자금 대출상환금	
거주주택부채상환금	
주택청약종합저축	
개인형 IRP	
합계	

자, 이제 지출 내용에 대해서 정리가 되었을까요.

일정 기간의 지출 정리와 더불어 중요한 것이 있습니다. 지금 이 시점의 자산 상태를 진단하는 것입니다. 빚도 자산인가요? 네, 빚도 자산입니다. 그러니까 부채도 빠질 수 없겠죠.

자산 상태표 안의 항목을 볼까요(44쪽). 먼저 적금입니다. 적금은 매달 일정 금액이 들어가는 정기적금과 아무 때나 일정치 않은 금액을 넣을 수 있는 자유적금이 있고요. 예금은 목돈을 6개월, 1년 등 일정 기간으로 묶어놓은 상품입니다. 그 외에 주식, 채권, 펀드, 주택청약종합저축통장, 저축성 보험, 개인형 IRP, 재형저축 등이 있을 수 있어요.

다음은 부동산입니다. 지금 사는 집이 전세라면 전세금이 될 수도 있고요, 아파트라면 현재 시가. 살고 있지 않지만 소유하고 있는 주택이나 상가 등의 시가. 토지도 있을 수 있겠네요. 참고로 자신의 자산입니다. 부모님 자산 적으면 반칙. 동산으로는 금, 은, 자동차와 같은 실물자산이 있습니다. 작성해봅시다.

자산 상태표

	현재 금액	만기 일자	만기 수령액
적금			
예금			
그 외			
합계			

	시가
부동산	
동산	

이제는 부채입니다. 단기부채의 경우 신용카드 할부금액, 마이너스통장, 신용대출 등이 있습니다. 장기부채는 자동차 할부나 주택담보대출. 그 외에는 사채, 보험계약 담보대출 등으로 구분하여 적으면 됩니다.

부채 상태표

	월 상환액	대출 잔액
단기부채		
장기부채		
그 외		
합계		

문제는 강제저축이야

여기 한 남자가 있습니다. 다들 돈 관리의 시작은 '강제저축'이라고 하니 월급에서 50%는 강제로 저축하려 노력합니다. 하지만 생활비가 늘 부족합니다. 그래서인지 삶도 팍팍하게 느껴집니다.

이해합니다. 그동안 고생이 많으셨습니다. 지금까지 당신의 삶을 빡빡하게 만들고 있는 건 바로 강제저축이었습니다. 자신의 삶에 맞게 저축해야 합니다.

'그럼 얼마를 저축하는 게 맞을까요?'

먼저 드리고 싶은 질문. 저축이 먼저일까요? 소비가 먼저일까요?

처음에는 저축이 아닌 소비가 먼저입니다. 예산 수립을 위해서죠. 돈 관리의 순서는 다음과 같습니다.

소비 → 예산 수립 → 저축 → 가계부 작성 → 결산

소비를 먼저 해봐야 저축할 수 있는 금액을 알 수 있습니다. 돈을 써봐야 기본적으로 나가야만 하는 돈, 세금을 비롯하여 전기요금, 전화요금, 수도요금, 보험료, 교통비 혹은 자동차 관련 비용, 즉 고정지출에 대해서 파악할 수 있습니다. 또한 식비, 옷, 문화비 등 변동지출에 대해서도 어느 정도를 쓰고 있는지 알 수 있어요.

지출금액을 파악했다면 다음으로 중요한 건 그 지출금액에 20%

정도의 여유자금을 더하는 것입니다. 그다음 소득에서 여유자금을 더한 지출금액을 빼세요. 그러면 자신에게 맞는 저축금액을 알 수 있습니다. 스트레스를 받지 않고 쪼들리며 살지 않아도 될 적정 저축액을요!

월급-(생활비+생활비 20% 정도의 여유자금)=적정 저축액

그러면 저축액이 줄어들지 않느냐고요? 돈을 더 많이 쓰게 만드는 것 아니냐고요?

저축의 목적은 스트레스까지 받으면서 돈을 많이 모으는 것이 아닙니다. 돈 관리의 목적은 소비를 다듬기 위한 것이지 결코 스트레스를 많이 받기 위해서가 아닙니다. 쓸 것만 쓰는 데도 늘 돈이 부족하고 쪼들리는 삶을 산다면 그건 당신 탓이 아닙니다. 저축액이 너무 과할 뿐이죠.

한번은 마음 편하게 돈을 써보세요. 분명 남는 것이 있을 겁니다. 무엇에 돈을 많이 쓰는지, 어느 항목에는 돈을 안 쓰는지, 나만의 소비패턴을 알게 될 것입니다. 앞으로 어느 부분의 소비를 줄여서 더 많이 저축할 것인지는 그다음의 문제입니다.

새는 돈 체크리스트

이전에 집필했던 『돈 없어도 나는 재테크를 한다』를 출간하고 얼마 뒤, 친구와 전화를 하면서 이런 대화를 나눴습니다.

나: 저축하는 건 참 즐거워. 돈 모으는 재미가 있잖아. 그렇지?
친구: 응???

그러다 한참 뒤 친구에게 전화가 왔습니다.

친구: 지난번 네 얘기에 대해 생각해봤는데, 넌 틀렸어. 돈은 쓰는 재미야.
나: 아!!!

곰곰이 생각해보니 친구 말이 맞아요. 사실 돈은 쓰는 게 더 재밌어요. 그렇다면 돈을 잘 쓰는 방법은 없을까요? 어떻게 해야 돈을 잘 쓴다고 할 수 있을까요?

· 사기 전에 미리 계획하고 판단하기
· 쓸 수 있는 금액 안에서 쓰기
· 원하는 것과 필요한 것을 나눠서 필요한 것을 먼저 사기
· 살 때 비교하기

해당하는 항목에 체크해보세요.

☐ 나는 쓸 수 있는 금액 안에서 돈을 쓴다.

☐ 원하는 것(AI스피커, 게임기 등)과 삶에 꼭 필요한 것(의식주 등)을 나눠서 생각한다.

☐ 원하는 것보다 필요한 것을 먼저 산다.

☐ 장보기 전에 미리 살 물건을 계획한다.

☐ 물건 구입 전 바로 사지 않고 최소 2주는 고민한다.

☐ 물건 등을 살 때는 제품별로 가격과 품질 등을 비교한다.

그렇다면 돈을 엉망진창와장창으로 쓰는 비합리적인 소비는 무엇이 있을까요?

· 생활에 부담될 정도로 소비가 많은 경우

· 계획에도 없던 소비를 하는 경우

· 남들 산다고 나도 산 경우

· 있어 보이려고 산 경우

'나는 비합리적 소비 안 하는 것 같은데?' 어쩌면 이게 더 큰 문제일 수 있습니다. 문제 자체를 모르는 것이니까요. 다음 사항에 대해서 표시해봅시다.

✓	새는 돈 체크리스트
	쓸 잔액이 바닥인 상태인데도 원하는 물건을 산 적이 있다.
	'지금까지 이런 물건은 없었다.' 독특함에 끌려서 산 적이 있다.
	'XX 연예인 화장품 진짜 좋대'라는 말에 화장품을 따라 산 적이 있다.
	1+1, 50% 할인, 사은품 제공을 보고 혹해서 산 적이 있다.
	집에 와서 보니 똑같은 물건을 산 적이 있다.
	스트레스가 쌓일 때 기분전환을 위해 쇼핑을 하는 경향이 있다.
	기분이 울적하면 쇼핑한다.
	'살까 말까' 결정장애. 주변에서 부추기면 바로 산다.
	도시적인 나의 이미지와 찰떡인 물건을 보고 '어머, 이건 내 것이야' 하고 산 적이 있다.
	'내가 이렇게 개고생을 하는데 이거 하나 못살까'라는 마음으로 돈 쓴 적이 있다.
	습관적으로 쇼핑몰 앱에 접속한다.
	카드 긁는 재미가 상당하다.
	'사두면 쓸 데 있겠지'란 생각으로 샀던 물건이 쌓여 있다.
	지금 안 사면 품절되어 사지 못한다는 생각으로 구매한 적이 있다.

자, 그러면 버는 것보다 중요한 소비에 대해 좀 더 자세히 살펴봅시다!

쌓이는 택배상자

비합리적인 소비에는 무엇이 있을까요? 무엇보다 소득보다 더 많은 소비를 하는 경우가 있습니다. 일명 과소비. 과소비를 하게 만드는 대표적인 시스템이 '신용카드'입니다. 신용카드를 잘 활용하면 포인트도 쌓이고 할인도 받을 수 있습니다. 하지만 신용카드의 경우 물건을 사는 시점과 돈을 쓰는 시점이 다릅니다. 물건을 산 뒤 돈은 결제일에 빠지게 됩니다. 그래서 지출 규모를 파악하기가 어려워집니다. 신용카드를 쓰면 소득 범위 내에서 지출하고 있는지, 초과지출은 아닌지 알기가 쉽지 않습니다. 한 달 뒤 통장에서 빠져나간 돈을 보고 멘붕(멘탈 붕괴)이 오는 경우가 많죠. 그래서 특별한 경우를 제외하고는 신용카드로 소비하는 것을 추천하지 않습니다.

돈을 쓰고 돈이 나가는 걸 직접 체감할 수 있도록 잔액 알림 기능을 연동하여 체크카드 쓰는 것을 추천하고 싶어요. 체크카드를 쓰기 전에 신용카드로 결제했던 것을 정리하겠다면 신용카드 '선결제 기능'을 추천합니다. 선결제 기능은 쉽게 말해 결제일 전에 미리 돈을 내는 것입니다.

사실 신용카드의 혜택은 많아요. 상황에 따라 자르기가 어려울 수 있습니다. 그래서 계속 신용카드를 써야 한다면 되도록 일시금으로 아니면 무이자할부로 쓰기를 권합니다. 무이자할부가 아닌 경우 이자도 지급해야 하니까요. (큰 금액의 물건 등은 특별한 경우로 제외!)

이달 25일이 되면 드디어 보너스가 나오는 날! 직장인 K씨는 1일부터 슬슬 뭐 살지 고민이 시작됩니다. 보너스가 나오기 전에 물건을 살 때도 크게 부담이 없습니다.

'에이~ 이번 달 보너스 나오는데, 뭐 이쯤이야.'

문제는 거기서 그치지 않습니다. 보너스가 나온 뒤에도 소비가 이어지는 경우가 많다는 것.

"사솨솨~ 이번달 보너스 나왔는데, 뭐 이쯤이야."

보너스는 한 번 나오는데 돈은 두 배로 쓰는 상황이 펼쳐집니다. 이것이 바로 보너스의 함정.

직장인이 된 B씨. 요즘 꽂힌 게 하나 있습니다. 홈쇼핑! 홈쇼핑은 별천지가 따로 없습니다. 마스크부터 온수매트까지. 세상에 이런 진귀한 물건이 있다니 놀라울 뿐입니다. 하나하나 주문하기 시작한 게 벌써 온 집 안을 가득 채우고 있습니다. 최근 B씨는 쓰레기 분리수거 작업이 힘겹게 느껴집니다. 홈쇼핑, 인터넷 쇼핑에서 시킨 택배상자들이 너무 많아졌기 때문입니다. 유독 건강 관련 생활용품에 눈길이 가는 B씨는 어떻게 해야 할까요?

사람마다 돈을 헤프게 쓰는 항목이 하나쯤 있기 마련입니다. 당신은 어디에 돈을 헤프게 쓰는 것 같나요? 혹시 낭비하는 항목이 있지는 않나요? 해결방법은 없을까요?

해결법 1. 나는 솔로다!

봉투 세 개를 만들어 이름을 적어 붙여주세요. 그리고 1일부터 월말까지 영수증을 항목별 봉투에 넣어줍니다.

① 필요
② 투자
③ 낭비

① '필요'는 생존에 꼭 필요한 소비를 말합니다. 식재료를 사는 것. 밤에 덮고 자기 위한 이불. 만약 최근에 하나 있던 흰 셔츠 겨드랑이가 터져버렸다면? 그래서 입을 만한 흰 셔츠가 없다면? 출근할 때 입을 흰 셔츠 하나는 있어야 하니까 이 또한 필요한 소비가 될 수 있습니다.

② 다음은 '투자'입니다. 저축상품과 금융상품 투자, 자기계발을 위한 투자, 학원비나 도서 구입비 등 소비에 대한 해석은 사람마다 다릅니다. 그래서 A씨에게는 피부미용에 들인 돈이 낭비라고 생각될 수 있지만, 화장품 판매를 하는 B씨에게는 피부미용 또한 미래에 더 큰 수익을 벌기 위한 투자가 될 수 있습니다.

③ 마지막은 '낭비'입니다. 우리 이 순간만큼은 솔직해지기로 해요. '진실만을 말하겠습니다' 하는 경건한 자세로 가슴에 손을 얹고 이것

이 필요 때문에 산 것인지 아니면 필요한 것도 아니고 미래를 위한 투자도 아닌 낭비였는지 곰곰이 생각해봅시다. '흰색 블라우스'가 집에 많았는데도 불구하고 너무 예뻐 보여서 또 샀다면 낭비일 수 있습니다.

항목에 대한 분류는 지극히 주관적이고 개인적이기 때문에 알아서 잘 판단해 넣어주세요. 그리고 월말에 이 항목별로 계산해주세요. 영수증이 없는 건 어떡하느냐고요? 영수증 대신 쪽지에 돈을 쓴 내용과 금액을 적어 넣어주세요. 월말에 금액만 더하면 됩니다. 귀찮다면 '낭비' 칸에 있는 영수증의 항목과 금액만 계산해보세요. 그리고 다음 달 소비하기 전에 그 항목에 대해서 조금 더 신경 써서 쓰는 거예요.

해결법 2. 우리는 커플이다!
부부의 소득과 지출을 공유하는 것이 중요합니다. 같이 돈 관리를 하면 시너지 효과를 얻을 수 있기 때문입니다. 홈쇼핑에서 물건을 살까 말까 고민할 때 한 명이 'No!'라고 말할 수 있죠. 물론 예외는 있습니다. 치킨이죠. 혼자 살 때는 치킨을 시킬까 말까 고민하다가 '에이 됐다' 하면서 마음을 접는 경우가 많은데요. 부부의 경우는 다를지도 모릅니다.
"치킨 먹을래?"
"뭐해, 당장 안 시키고."

배우자와 함께 소비에 대해서 이야기하는 시간을 가져보셨으면 좋겠습니다.

Q

살면서 가장 많은 돈을 쓴 일은 무엇인가요?

집을 채우고 있는 특정 물건이 있나요?

승차감 말고 하차감

"차는 승차감보다 하차감"이란 말이 유행입니다. 승차감이 차를 탈 때 느끼는 편안함이라면 하차감은 차에서 내릴 때 느끼는 감정입니다. 쉽게 말해 다른 사람의 시선에 대한 만족도인데요. 그만큼 남들의 시선을 의식한다는 뜻으로 해석할 수 있습니다.

물건이 저렴하면 저렴할수록 잘 팔릴 줄 알았는데, 반대로 비싸면 비쌀수록 잘 팔리는 경우가 있습니다. 차도, 가방도, 옷도 남들에게 보이는 것들이죠. 일명 베블런 효과.

유치원 하교시간, 외제차 한 대가 유치원 앞에 서더니 한 남자가 내렸습니다. 모자부터 신발까지 온통 명품이었어요. 저는 사진을 찍고 싶은 욕구를 간신히 억눌렀습니다. 그분의 초상권을 지켜드려야 하니까. 하지만 강의 때 과시소비에 대한 예로 보여드리면 좋았을 텐데 하는 아쉬움이 큽니다. 제가 그분을 보고 느낀 것은 그렇습니다.

당신은 명품가방을 가지고 다니는 사람을 보면 어떤가요? 아니, 다르게 질문하겠습니다. "오늘 지하철을 타면서 옆에 앉은 사람의 가방은 무슨 제품이었나요?"

그렇습니다. 기억이 안 날 확률이 높습니다. 우리는 남에게 크게 관심 없습니다. 반대로 말하면 남들도 우리에게 크게 관심 없습니다. 아니, 쥐뿔도 관심이 없을 가능성이 큽니다.

다른 사람에게 보여주기 위해서 산 물건이 있나요?

태혜지 립스틱

"연예인 OO가 쓰는 화장품이라던데? 엄청나게 좋아."

이 말을 들으면 혹해요. 왜냐? 연예인이 썼으니까. 심지어 친구가 검증까지 마친 상태입니다. 안 살 수가 없어요. 그 연예인처럼 될 것만 같은 착각으로 말이죠. 물론 착각은 자유입니다.

그뿐인가요. 지인이나 친구 집에 가면 새로운 아이템이 눈에 들어옵니다. '우리 집에도 있으면 좋겠는데?' 또는 '쟤도 샀는데, 내가 못 살까'라는 감정이 충동소비에 시너지 효과를 일으키며 구매로 이어집니다.

모방소비의 끝판은 집단생활! 학교 다닐 때가 절정이었던 것 같아요. 학창시절로 돌아가볼까요. 친구가 최신 휴대전화를 자랑해요. 어머, 반에 하나둘 휴대전화를 가진 친구들이 늘어납니다. 뭔가 뒤처지는 느낌이에요. 엄마에게 가서 짜증을 바가지로 내기 시작합니다. "나 빼고 다 있단 말이야!!" 엄마는 등짝 스매싱과 함께 "친구 죽으면 따라 죽을래?"라는 멘트를 날립니다. 하지만 엄마도 친구들은 다 있다는 말이 신경 쓰이기는 마찬가지. 아이는 곧 휴대전화를 손에 쥐게 됩니다.

이런 사례는 소확행, 그나마 다행입니다. 최근 결혼한 친구의 집들이에 간 B양. 친구 집이 비까번쩍합니다. 그리고 보면 나 빼고 친구들은 다 좋은 집에 사는 것 같다는 생각이 들기 시작한 B양. 진지하게 이사를 고민합니다.

이처럼 상품 자체의 가치보다 다른 사람의 소비로부터 영향을 받아서 구매하게 되는 비합리적인 소비, 모방소비입니다.

옛말에 "버는 자랑 말고, 쓰는 자랑 하랬다"라는 말이 있습니다. 그만큼 저축이 중요하다는 뜻입니다. 세계적인 투자가 워렌 버핏은 이런 말을 했습니다.

"100달러보다 1달러를 아껴라"

돈을 잘 쓰는 것과 많이 쓰는 것은 다른 문제입니다. 돈을 합리적으로 잘 쓰고 저축도 잘하는 사람을 따라하는 모방소비는 어떤가요.

• • •   Q

유행이라 산 적이 있나요? 있다면 어떤 것들이었나요?

어머, 이건 사야 해!

"이 구성 지금 마지막입니다!" 쇼핑 호스트의 현란한 설명을 듣고 있노라면 저절로 손은 주문하고 있고……. '어머, 이건 사야 해!' 하면서 순간적인 감정이 앞서서 사는 경우가 있습니다. 우리의 가장 큰 적, 충동소비인데요. 친구 혹은 직장동료와 쇼핑을 간다면 '남에게 보이는 쇼핑'을 할 가능성이 큽니다. 같은 성능의 물건이라도 가격이 비싼 물건을 택하는 것입니다. 그야말로 충동소비와 과시소비의 콜라보레이션~

충동소비의 가장 큰 이유는 '착각'이 아닐까 싶어요. 1+1, 할인, 사은품 제공 등 가격이 저렴하다는 느낌을 받으면 계획하지도 않고 필요가 없는 물건인데도 살 때가 있어요. 합리적으로 샀다는 착각에 빠집니다. 필요한 것과 원하는 것을 구분하는 지혜가 필요합니다. 필요한 것은 없어서는 안 될 것. 원하는 것은 굳이 없어도 사는 데 부족함이 없는 것입니다.

그래서 쇼핑을 갈 때는 사야 할 물건을 미리 적어 가는 습관이 필요합니다. 소비는 습관이니까요. 불필요한 소비를 막을 수 있는 것도 결국은 이런 좋은 습관입니다.

물론 계획 없이 샀다 해서 무조건 충동소비라고 볼 수만은 없어요. 이를테면 사야 할 물건에는 적지 않았는데 쇼핑하다 보니 '아, 저거 다 떨어졌는데…… 깜박할 뻔했네' 하는 것들이 있을 수 있습니다. 기준을 정해놓고 가는 경우도 충동소비로 보기에는 어려움이 있습니다. '블라우스가 필요한데, 한번 보고 사야겠다' 같은 경우죠. 그런데 블라우스가 필요하다고 판단한 것이 또 어쩌면 필요치 않은 충동소비일지도 모릅니다. 사실 충동소비냐 아니냐는 구분 짓기가 모호한 점이 있습니다.

　충동소비를 나누는 또 다른 방법이 있습니다. 시차를 두는 것입니다. 필요한 물건을 수첩이나 달력 등 눈에 잘 띄는 곳에 적어두고 2주를 살아보는 것이죠. 사는 데 불편함이 없다면 그것은 필요 없는 물건일 가능성이 큽니다. 살다 보니 느끼는 것인데, 시간은 많은 부분을 해결해줍니다. 우리가 어떻게 할 수 없는 고민. 시간이 해결해줍니다. 소비도 그렇습니다. '살까 말까.' 소비에 대한 고민 역시 마찬가지입니다.

Q

충동적으로 산 후 후회한 물건이 있나요?

블라우스 하나 샀을 뿐인데

디드로는 친구에게 빨간 가운을 선물 받습니다. 무척 세련된 가운이었습니다. 그런데 그 가운과 허름한 서재가 어울리지 않았습니다. 그래서 그동안 잘 사용해왔던 책상을 바꾸고, 의자를 바꾸고……. 그러다 마침내 모든 가구를 바꿉니다. 빨간 가운 하나 때문에 말이죠. 나중에서야 디드로는 돈을 낭비했다는 사실을 깨닫고 빨간 가운의 노예가 되었다며 후회합니다. 디드로 효과. 18세기 프랑스 철학자 드니 디드로의 에세이 『나의 오래된 가운을 버림으로 인한 후회』에서 처음 언급되었습니다.

우리 삶에도 비슷한 경우가 상당히 많습니다. 봄입니다. 옷장을 살펴봅니다. 이상해요. 옷장은 가득 찼는데 입을 옷이 없어요. 작년엔 뭘 입고 다녔던지 의문이 생깁니다.

'봄인데 블라우스 하나 사야지.'

꽃무늬 블라우스를 하나 삽니다. 며칠 뒤 딩동. 기다리고 기다리던 택배 아저씨가 왔나봐요. 시차를 뛰어넘듯 빛의 속도로 뛰어나가요. 택배를 뜯고 옷을 입어봅니다. 맙소사! 사진보다 더 예뻐요. 지금 이 순간 나는야 '세젤예'. 근데 이 블라우스는 이렇게 예쁜데 이 블라우스랑 어울리는 치마가 없어요. 휴대전화를 찾아요. 모바일 쇼핑몰에 접속합니다. '이거랑 어울리는 치마가…….'

지금부터 시작이에요. 치마를 사니 이 치마랑 어울리는 구두가 없어요. 구두를 사요. 구두를 샀는데 가방을 안 살 수 없죠. 구두랑 어울리는 가방을 삽니다. '어머, 이것은 풀 코디'라고 생각하던 찰나 뭔가 허전해요. 아뿔싸, 귀걸이를 안 샀어요. 이렇게 블라우스 하나로 치마, 구두, 가방 그리고 귀걸이까지 사게 됩니다.

디드로 효과를 이겨내는 가장 좋은 방법은 '퍼스널 컬러'가 아닐까 해요. 방법은 간단해요. 얼굴 밑에 갖가지 색깔을 대보고 봄, 여름, 가을, 겨울형으로 나눕니다. 자신에게 맞는 옷차림, 화장품 그리고 색상을 알 수 있습니다. 자신만의 기준을 만드는 것이 중요합니다. 정장 스타일의 옷들로 구매한다면 다음에 블라우스 하나만 사더라도 기존 옷들과 함께 매치해서 입을 수 있어요. 이런 소비 자체를 하지 않아도 되는 시스템을 만드는 거죠. 퍼스널 컬러 업체를 찾아가서 일대일 상담을 받는 것도 좋지만, 취업박람회나 인력개발센터에서 주최하는 행사에 가면 무료로 받을 수 있는 때도 있답니다.

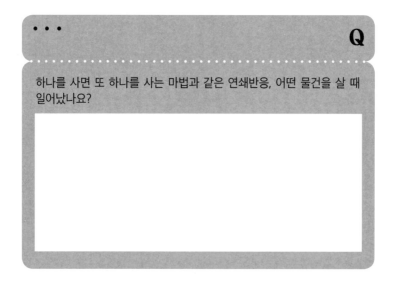

Q

하나를 사면 또 하나를 사는 마법과 같은 연쇄반응, 어떤 물건을 살 때 일어났나요?

소비 피해 FAQ

Q 택배를 받았는데 상품이 파손됐어요. 어떡하죠?

A 택배를 받으면 즉시 파손 여부를 확인하는 게 좋습니다. 파손된 경우 택배회사에 바로 알리는 것이 중요합니다. 사진이나 영수증 등 증거자료를 챙겨놓으세요. 택배를 받은 후 되도록 바로 통보해야 합니다. 피치 못할 사정으로 바로 통보를 못 할 경우 늦어도 택배를 받은 후 14일 이내에는 통보해야 합니다.

Q 문 앞에 택배를 뒀다는데 분실됐어요. 어떡하죠?

A 많은 분이 인터넷으로 물건을 주문할 때 배송 시 요청사항으로 "문 앞에 놓아주세요"를 선택하는데요, 이 경우 분실되면 수령자인 내 책임입니다. 즉, 물건을 주문한 사람이 현관 앞에 배송을 요청한 경우에 택배물이 분실되어도 보상을 받을 수 없습니다. 하지만 사전에 그런 요청이 없었다면 이야기는 달라집니다. 택배회사가 직접 배송을 하는 것이 원칙이니까요. 문 앞에 택배를 두고 가서 분실된 경우는 택배회사가 배상해야 합니다. 분실이 발생한 경우에 택배회사에 바로 알리세요.

Q 따로 물건을 주문한 게 없는데 다른 사람 물건이 우리 집으로 왔나봐요. 우왕, 개꿀! 저 지금 득템한 것 맞죠?

A 잘못 온 택배는 즉시 반송해야 해요. 함부로 남의 물건을 열어보

거나 사용하면 '점유이탈물횡령제'로 처벌받을 수 있기 때문입니다.

Q 인터넷으로 정가보다 저렴하게 정품 명품 가방을 구입했어요. 근데 나중에 보니까 짝퉁이네요ㅠㅠ 판매자와 연락이 닿지도 않습니다.

A 물건을 구입하기 전 먼저 사업자의 게시판, 구매평 등을 확인할 필요가 있어요. '여기 연락이 안 되네요', '사기꾼이에요' 등 문제가 있다면 이런 글이 있기 마련이거든요. 금액이 큰 상품을 구매할 때는 될 수 있으면 신용카드로 할부결제하는 것이 좋습니다. 할부항변권 때문인데요. 할부항변권이란 할부로 물품을 구입한 뒤 그 물품에 하자가 있다면 할부 계약 기간 중 잔여 할부금을 거절할 수 있는 권리를 말합니다. 여기에 조건이 있습니다. 신용카드로 3개월 이상으로 20만 원 이상의 물품을 결제할 때 할부항변권을 신청할 수 있습니다. 다만, 할부거래법이 적용되지 않는 농·수·축산업 제품 등은 제외됩니다. 할부항변권 신청은 해당 카드사에 전화로 통지하고 필요한 구비서류를 알아본 뒤 보내주면 됩니다.

Q 총알배송이라고 해서 행사 때 입을 옷을 부랴부랴 이틀 전에 샀는데요. 총알이 이렇게 느린지는 몰랐어요. 행사가 끝나고 나서야 도착한 거 아니겠어요? 저는 이제 이 옷이 필요 없는데 어떡

하나요?

Ⓐ 전자상거래 청약철회 제도가 있습니다. 계약 해제를 원하는 경우, 구입일로부터 7일 이내에 청약철회 의사를 통지할 수 있어요.

Ⓠ 인터넷에서 물건을 샀어요. 냄새도 심하고 화면에서 본 거랑도 달라요. 아, 짜증나. 어떡하나요?

Ⓐ 전자상거래는 상품을 받은 날로부터 7일 이내에 청약철회가 가능합니다. 7일 이내에 제품 사진과 함께 사업자의 게시판, 이메일 등으로 교환(반품) 요청하세요. 자세한 소비자 상담이 필요하다면 국번 없이 1372로 전화하면 도움을 받을 수 있습니다.

피자 나누기

소비를 하고 내가 어디에 얼마를 쓰는지 알게 되었다면 다음 차례는 '예산 세우기'입니다. 예산을 먼저 세운 뒤 남는 돈에서 저축을 해야 하니까요. 예산이란 지난달 쓴 돈을 기준으로 다음 달 쓸 돈에 대한 계획을 말합니다.

피자 한 판을 시킵니다. 그리고 그 피자를 아침, 점심, 저녁으로 먹어야 한다면? J씨는 피자를 시켜서 아침부터 막 그냥 먹습니다. 배가 터질 정도로요. 점심이 되었습니다. 피자가 별로 남지 않았네요. 남은 피자를 배가 부를 정도로 먹었습니다. 저녁이 되었습니다. 먹을 것이 없습니다. 굶을 수밖에 없었습니다.

반면 L씨는 달랐습니다. L씨는 피자를 시켜서 몇 조각인지 확인했습니다. 여덟조각이네요. 아침에는 두 조각, 점심 때 세 조각, 그리고 저녁에 세 조각 먹으면 딱 맞을 것 같아요. 계획대로 아침에는 두 조각, 점심에는 세 조각을 먹었습니다. 저녁에는 남은 세 조각을 먹었습니다. 아침, 점심, 저녁 모두 거르지 않고 배고픔 없이 잘 먹을 수 있었습니다.

예산을 세우는 것도 마찬가지입니다. 피자를 '소득', 먹기를 '소비'라 생각해보세요.

1. (시점) 피자의 크기를 파악해야 합니다.

    → 자산 및 부채를 파악합니다.

2. (기간) 내가 피자를 얼마나 먹어왔고 혹시 과식하고 있는 건 아닌지 돌아볼 필요가 있습니다.

    → 현금흐름을 파악합니다.

3. 피자를 어떻게 나눌 것인지, 남은 피자는 언제 먹을 것인지 계획합니다.

    → 예산을 세웁니다.

그럼 소득금액을 고정지출, 변동지출, 차입금 상환, 저축 등으로 어떻게 배분할 것인지 계획해볼까요? 계산식은 '소득 대비 ○○ 비율=○○지출/월평균 소득'입니다. 고정지출이 한 달에 90만 원, 한 달 소득이 300만 원이라면, 소득 대비 고정지출 비율은?

$$고정지출\ 비율 = 90만\ 원 \div 300만\ 원 = 30\%$$

숫자만 나오면 잠시 정신줄을 놓치는 듯한 착각에 빠집니다. 누구나 그럴 거라고 생각해요. 하지만 어렵지 않아요. 산수만 알면 계산 가능합니다. 예를 들어볼게요(68쪽). 어떻게 작성하는지 도움이 될 것 같아요. '항목'은 고정비, 변동비, 차입금 상환, 저축 그리고 기타로 용돈을 추가했습니다. '현재'는 현재 쓰고 있는 실제 금액, '미래'는 미래 목표 금액으로 '아~ 이 정도까지는 할 수 있겠다!' 싶은 현실적 목표 금액입니다. 참고로 목표 금액을 높게 잡지 마세요. 우리 학교 다닐 때 모두 경험해봤잖아요. 방학 전 일일계획표 세우기. 빡빡하면 빡빡할수록, 많이 적으면 많이 적을수록, 평소 내 생활과 매우 다른 양상으로 적으면 폭망합니다. 할 수 있을 만큼만 목표로 세우세요. '저는 현재를 유지하는 것만으로도 버겁습니다'라고 한다면 현재 지출금액을 기준으로 예산을 세우시면 됩니다.

월평균 소득: 300만 원(1년간 기본급+성과급 등 합계의 평균)

지출 항목	현재	미래	목표 지출 비율
고정비	600,000	600,000	20%
변동비(생활비)	900,000	800,000	26.7%
차입금 상환(원리금)	300,000	300,000	10%
저축	1,000,000	1.150,000	38.3%
용돈(술값 등)	200,000	150,000	5%
합계	3,000,000	3,000,000	100%

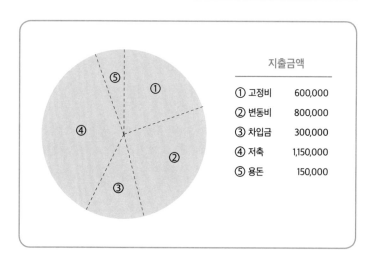

지출금액

① 고정비   600,000
② 변동비   800,000
③ 차입금   300,000
④ 저축   1,150,000
⑤ 용돈   150,000

위의 계산 방법을 활용하여 예산을 세워보세요.

지출 항목	현재	미래	목표 지출 비율
고정비			
변동비(생활비)			
차입금 상환			
저축			
합계			

행복은 냉장고에

우리는 매순간 선택을 하면서 살아갑니다. 질문을 하나 드릴게요. 버스를 타는 게 합리적인 소비일까요? 택시를 타는 게 좋을까요? 정답은 무엇일까요?

정답은 없습니다. 버스는 비용이 저렴하지만 시간은 더 걸립니다. 버스가 오기를 기다려야 하고 목적지가 정류장에서 멀리 떨어져 있다면 적지 않은 시간을 걸어야 할지도 모릅니다. 택시는 어떤가요? 빠릅니다. 시간이 절약됩니다. 목적지 바로 앞까지 가니까 힘도 덜 들어요. 하지만 그만큼의 비용을 더 부담해야 합니다. 비싸죠.

다른 일정이 없고 시간이 충분하다면 운동 삼아 버스를 택할지도 모릅니다. 그러나 약속시각에 늦었을 때, 제 경우라면 강의 전 시간이 얼마 남지 않았을 때라면 절대 버스를 택하지 않을 겁니다. 강의료는 물론이거니와 앞으로 펼쳐질 일들, 이를 테면 늦게 도착하여 강의를 아무리 잘해도 또는 약속된 강의시간이 끝나고 히어로처럼 등장한다고 해도 이미 게임은 끝났습니다. 강의시간에 늦거나 나타나지 않는 무책임한 강사로 기억될 것입니다. 상상만으로도 아찔하네요. 강의료+평판, 이것은 택시비보다 훨씬 값집니다. 돈을 두 배를 내더라도 택시를, 아니 탈 수만 있다면 헬기라도 타야 할 것입니다. 이처럼 상황에 따라서 선택은 언제든 달라질 수 있습니다. 소비는 지극히 주관적이고 개인적인 것이니까요.

대형할인점 문화센터에서 강의를 마치고 난 뒤의 일입니다. 점심시간이 한참 지나서였을까요. 마트에서 파는 오징어어묵꼬치가 그렇게 땅길 수가 없었어요. '먹고 싶다, 간절하게 먹고 싶다!' 오로지 머릿속엔 그 생각뿐이었죠. 가격을 보니 한 개 3,000원. 화요일이면 집 앞에 장이 섭니다. 그곳에서 파는 오징어어묵꼬치는 한 개 1,000원이었어요. 머릿속이 복잡해지기 시작했습니다. 배에서는 꼬르륵. 끝내 저는 오징어바를 뒤로하고 뒤돌아섰습니다. 집으로 돌아오는 길, 오징어어묵꼬치가 눈앞에 계속 어른거렸습니다.

결혼한 지 5년쯤 되면 2005년식 자동차를 바꾸리라고 계획했습니다. 어느새 5년이란 시간은 훌쩍 지났지만 여전히 그 차를 계속 타고 다니고 있습니다. 한쪽 헤드라이트가 누렇게 되어 밤에 헤드라이트를 켜면 그나마 깨끗한 한쪽만 제 역할을 했습니다. 정비소에 갔더니 교체 비용이 10만 원이 훌쩍 넘는다고 말하더군요. 아무것도 하지 않은 채 그냥 집으로 돌아왔습니다. 집에 와서 인터넷을 뒤지며 헤드라이트 복원 업체를 알아보았습니다. 비용은 5만 원 정도. 저는 무엇을 선택했을까요. 제가 선택한 건 온라인마켓에서 1만 5,000원짜리 헤드라이트 복원제를 사는 것이었습니다. 마스크에 고글까지 완전무장하고 헤드라이트를 미친 듯이 사포로 문질렀습니다. 몇 번의 사포 작업 끝에 복원제를 뿌렸더니 헤드라이트는 정말 새것처럼 반짝였습니다. 물론 제 모습은 너덜너덜해졌어요.

한때 두꺼운 책 읽기가 취미였습니다. 부동산 강의를 다니던 때였던 것 같습니다. 1,000페이지가 훨씬 넘는 민법, 상법, 헌법 책을 정독했습니다. 그래야 강의에 오는 분들에게 경제와 관련된 법률지식을 전달해드릴 수 있으니까요.

헌법재판소가 행복추구권에서 파생된 것으로 본 사례 중 이런 것이 있었습니다. "행복추구권에서 파생되는 자기 결정권은 소비자는 물품 및 용역의 구입·사용에 있어서 거래의 상대방, 구입 장소, 가격 등을 자유로이 선택할 권리를 뜻한다." 그때 저는 깨달았습니다. '아, 나는 나의 행복추구권을 무시해왔구나.' 돈을 아껴야만 한다? 합리적인 소비만을 해야 한다? 아니요. 돈은 써야 할 때는 써야 합니다. 무엇을 위해서? 바로 나의 행복을 위해서요. 정말 사소한 소비일지도 모릅니다.

예쁜 캐릭터가 그려진 치즈가 있습니다. 다른 치즈에 비해 가격이 상당했습니다. 4,800원이란 거금을 들여 살 수가 없었어요. 그냥 돌아섰습니다. 이후 치즈는 내 머릿속을 떠나지 않았습니다. 정사각형의 치즈는 치즈 그 이상의 맛이 나지 않을까 하고요. 매일 읽던 경제신문에 소비자 리뷰가 올라왔어요. 장난 아니게 맛있나 봐요. 두 달쯤 지났을까요. 3,000원대의 가격으로 할인 판매하고 있는 걸 보았어요. 샀습니다. 드디어 먹었어요. 우와~ 치즈가 입안에서 반짝이는 느낌이었어요. 3,000원 그 이상의 가치였습니다!

가끔은 나보다 타인을 위한 소비가 나를 위해 쓰는 돈보다 더 나를 행복하게 만들기도 합니다. 사회적 경제에 대해서 강의를 진행할 때입니다. 사회적 경제에 관해 설명이 필요할 것 같습니다. 쉽게 말해, '같이의 가치'를 뜻합니다. 이윤의 극대화가 최고 가치인 시장경제와 달리 너도 나도, 우리가 모두 잘살 수 있는 '사람 중심의 경제'입니다.

예를 들어볼게요. A라는 사람이 회사를 만들려고 합니다. 이 사람은 회사를 만들고 돈을 많이 벌면 나중에 어려운 사람들에게 기부할 생각입니다. 손뼉 쳐줄 만한 대단한 일입니다. 하지만 돈을 기부한다 해서 어려운 사람들의 삶이 계속해서 좋아질까요? 아마 돈을 받는 건 그 순간뿐일 가능성이 큽니다. 돈을 받고 다 써버리면 유효기간은 끝나는 거죠.

장애인복지센터에서 봉사를 해오던 K씨. 장애인들이 일할 수 있는 곳이 거의 없다는 사실을 알게 됩니다. 그래서 K씨는 장애인이 할 수 있는 일, 빵을 만드는 기업을 차려 장애인을 고용합니다. K씨는 성실한 직원을 고용하였고, 빵 만들기를 좋아하는 장애인은 자신이 좋아하는 일을 하면서 돈을 벌 수 있게 되었습니다. 이처럼 같이 가는 가치, 그것이 바로 사회적 가치 창출입니다.

치매를 주제로 선택한 팀이 있었습니다. 제목에 대해 곰곰이 생각하는데, 이런 제목은 어떠냐고 제안을 합니다. "엄마, 나를 잊지 마세요."

어떤 이는 부모님이 편찮으신 뒤에야 부모님과 함께 마시던 커피한 잔이 얼마나 소중한지를 깨달았다고 합니다. 부모님이 안 계신 뒤에야 '부모님과 통화할 때 녹음이라도 해 놓을걸' 하고, 오랜 시간이 지나다 보니 부모님의 목소리가 기억나지 않는다며 눈물을 보인 분도 있었습니다.

얼마 전 커피 두 잔을 샀습니다. 저를 위한 것이 아니었습니다. 밭에서 일하시는 부모님께 드릴 커피였습니다. (저는 커피를 마시면 기분이 너무 업되어 못 마셔요. 커피를 마시고 강의를 해본 적이 있는데요. 너무 흥분되다 못해 기분이 폭발했어요. 다음 날 목이 너무 아프더라구요.) 연락도 없이 스타벅스 커피 두 잔을 사 들고 찾아뵈었습니다. 부모님은 '세상에 이런 커피맛도 있느냐' 하시며 가격을 물어보셨습니다. 부모님은 '커피값이 무슨 닭 한 마리 가격이여~'라고 말씀하시면서도 참 좋아하셨습니다.

이 외에 강의에 관련된 돈을 쓰는 것도 행복합니다. 저는 강의 관련 통장이라고 따로 관리합니다. 모둠 수만큼의 색연필, 사인펜, 모조전지 등 준비물을 전부 사비를 털어 사서 갑니다. 한번은 기업가 정신을 주제로 직접 팀별로 사회적 기업 아이템을 만들어보는 시간을 가졌습니다. 이런 활동형 수업을 위해서 문서 재단기도 샀어요. 게임에 사용할 통장을 만들기 위해서였죠. 참여식 수업을 지향하는 저는 몇 주에 걸쳐서 고민하고 게임을 만들어 가져갑니다. 이 외에도 늘 다양한 수업 방식을 적용해보고, 부족한 점이 있다면 다음에는 더 보완해서 수업을 듣는 학생들이 직접 경험하고 느끼며 기억에 남는 수업을 하고자 많은 노력을 하고 있습니다. 강의를 위한 이런 소비는 아깝지 않습니다. 학생들의 미래를 위한 투자라고 생각하기 때문입니다. 이처럼 돈의 가치보다 소비 후 만족도가 더 크다면 돈을 써야 합니다.

당신에게 돈의 가치보다 물건 및 서비스의 가치가 더 큰 소비는 무엇이 있나요? 어디에 돈을 썼을 때 행복한가요?

Q

'소비 후 만족도'가 돈의 가치보다 더 큰 소비가 있나요?

어떤 가치를 위한 소비인가요?

비밀노트

욜로가 어때서, 욜로통장

욜로YOLO. You Only Live Once. '인생은 한 번뿐'이라는 뜻입니다. 한 번뿐인 인생, 즐기면서 사는 것, 그때가 아니면 안 되는 것들이 있습니다.

돈의 가치보다 더 큰 소비에 무엇이 있을까요? 물론 좋아하는 건 사람마다 다르겠죠. 몇 년 전, 20분에 16만 원이던가요. 1분에 8,000원꼴. 적지 않은 돈을 주고 패러글라이딩을 탔습니다. 비싸긴 하지만 그때의 만족감은 몇 년이 지난 지금까지도 잊을 수 없을 정도로 무척 큽니다. 차를 타고 산 위로 한참 올라가더니 아저씨가 장비를 채워주시고는 몇 가지 설명을 끝으로 아저씨와 함께 하늘에서 뛰어내렸습니다.

이내 패러글라이딩 날개가 펼쳐지고, 하늘을 날고 있었죠. 창문 없는 비행기를 탄 느낌이랄까요. 장난감처럼 작은 집들이 저 너머로 보이고요. 셀카봉으로 사진까지 찍었습니다. 세상을 다 가진 기분, 짜릿함이 뭐라 설명하기도 어려웠어요. 마지막 비행은 아저씨의 소용돌이 기술과 함께 정신없이 내려오는 것으로 마무리~

"꺄아~ 지금 죽어도 좋아!"

발이 땅에 닿고 저는 행복감에 미친 듯이 웃어댔죠.

주말이 지나고, 만나는 사람들에게 패러글라이딩 강력 추천을 외치고 다녔습니다. 그런데 뜻밖에도 사람들의 반응은 미지근했어요. '너무 위험해서'랍니다.

이제야 그때 그분들의 대답을 이해할 수 있습니다. 지금의 저는 패러글라이딩의 즐거움을 알고 있음에도 타지 못할 테니까요. 왜? '너무 위험해서.' 혹시나 제가 잘못되면 아이는? 무섭습니다. 아마 패러글라이딩을 탄다고 하더라도 그때처럼 온전히 기분을 만끽할 수 없을 것입니다. '문제없겠지? 대체 언제 내려가는 걸까.' 그리고 아마 내려와서는 '20분 타는데 왜 이렇게 많은 돈을 썼을까' 하고 생각할 게 뻔합니다. 지금 삶의 무게는 그때와 다릅니다. 그때 하고 싶었던 것과 지금 하고 싶은 것은 다릅니다.

지금 하고 싶은 것. 지금이어야만 온전히 즐길 수 있는 것들이 있습니다. 하고 싶다는 생각이 들었을 때 해야만 하는 것들이 있습니다. 소비에서 중요한 건 가성비만 있는 것이 아닙니다. 이제는 가심비도 따져야 할 때입니다.

하지만 취미생활에 너무 많은 돈을 쓰면 욜로 외치다 인생 골로 갈 수 있습니다. 그렇다고 지금의 즐거움을 포기해야 할까요? 그럴 순 없습니다. 그럼 어떡해야 할까요. 욜로통장을 만들어 돈을 모아서 소비하는 것. 다른 계정도 마찬가지입니다. 예산을 나눠서 관리하는 '통장 나누기'가 필요합니다.

Q

지금 아니면 즐길 수 없는 것은?

여유자금 플러스, 생활비 통장

제 경우에는 급여통장을 생활비 통장으로 활용합니다. 수수료 할인 등 여러 혜택이 있으니까요. 가계부를 작성하였다면 지난 한 달간 사용한 금액을 알 수 있게 되었을 것입니다. 그리고 이제 앞으로 한 달 동안 얼마 정도의 돈이 필요할지도 알 수 있게 되었을 겁니다. 이것을 '예산'이라고 합니다.

월급이 들어오면 한 달을 생활하는 데 필요한 생활비를 남겨두고 다른 목적별 통장에 돈을 이체합니다. 급여통장의 경우 수수료 면제 등 다양한 혜택이 있으므로 체크카드를 연계해서 생활비 통장으로 활용합니다.

이때 중요한 것은 적당한 여유자금을 남겨두는 것입니다. 보통은 예산을 빡빡하게 잡고 강제저축을 한 다음 최대한 아껴 쓰다가 정 안 되면 예비비 통장(저수지 통장)에서 돈을 당겨오라고 조언하는 분이 많은데요. 가계에 급하게 돈이 필요하여 긴급정책에 들어간다면 이 방법이 필요할 것입니다. 하지만 평소에 이 방법은 비추! 우리가 예산을 정해 통장을 나누는 본질적인 이유는 통장 나누기가 항목별 지출예산을 수립하는 효과가 있기 때문인데요. 빡빡하게 예산을 잡고 강제저축을 하면 세 가지 단점이 있어요.

· 돈을 쓸 때마다 스트레스를 받을 가능성이 커진다.
· 돈이 부족하여 예비비 통장에서 돈을 당겨오게 되면 나중에 예산 안에서

쓰지 못했다고 생각하며 후회하게 된다.
· 예비비 통장에서 돈을 당겨오는 습관이 생겨서 예산 수립의 의미가 없어질 수 있다.

통장을 나눠서 돈 관리를 하는 목적은 소비를 다듬기 위해서입니다. 결코 돈을 쓰면서 스트레스를 받기 위해서가 아니에요. 그 스트레스 비용이 장기적으로 보았을 때 더 손해일지도 모릅니다.

예산을 빡빡하게 잡으면 대개 예비비 통장에서 돈을 당겨올 것입니다. 그때 2차 스트레스를 경험하게 됩니다. 생활비 예산에서 돈을 쓰지 못했다는 실패감 때문입니다. 실패가 주는 파급효과는 생각보다 큽니다.

반대로, 성공이 주는 파급효과도 엄청나요. 그래서 우리는 작은 성공을 만들기 위해서 다양한 노력을 합니다. 예를 들어, 하루에 천 원 모이기 프로젝트! 하루에 천 원 모으기에 성공했다면 그다음 목표에 성공할 가능성이 더 커집니다. 자신감이 생겼기 때문입니다.

이 모든 일련의 과정은 어떻게 마음을 먹느냐에 따라 달렸습니다. 작은 실패를 경험한다면 위축되어 '역시 난 안 돼'라는 생각이 들고, 장기적으로 보았을 때 돈 관리마저도 실패하게 만들 수 있습니다. 지키기 힘든 예산은 돈 관리를 중간에 포기하게 만듭니다. 또한 '돈이 부족하네? 예비비 통장에서 당겨오면 되는 걸?'이라고 생각한다면 더 곤란한 상황이 발생할지도 모릅니다.

석 달 정도의 생활비는 적은 금액이 아닙니다. 예비비 통장에서 필요할 때마다 돈을 당겨온다면, 그리고 그것에 대해 익숙해진다면 예산 설립 본연의 목적을 이루지 못하고 있다는 문제가 생깁니다. 예비비는 정말 긴급할 때 쓰는 거예요.

그래서 생활비를 남겨둘 때는 여유자금을 조금 붙여서 남겨두는 것이 중요합니다. 잊지 마세요. 돈 관리는 인생의 모든 즐거움을 포기하고 행복하지 않은 삶을 살기 위해서가 아닙니다.

필요 최소 생활비+여유자금=생활비 통장

시간 관리에서도 여유시간이 중요해요. 더 오래 달리는 힘이 될 테니까요. 마찬가지입니다. 장기적으로 돈 관리에 성공하고 싶다면 여유자금을 남겨두는 것은 선택이 아니라 필수입니다. 여유자금 성격의 액수는 처음에는 생활비의 20%에서 많다 싶으면 조금씩 줄여가는 방법도 좋습니다.

급여통장을 고정지출 통장으로, 생활비 통장을 다른 통장으로 만들어서 이체해도 괜찮습니다. 하지만 되도록 급여통장을 생활비 통장으로 활용하는 것을 추천해요. 급여통장은 수수료 할인 등 여러 혜택이 있으니까요. 다음 '통장 나누기'의 빈칸을 채워볼까요?

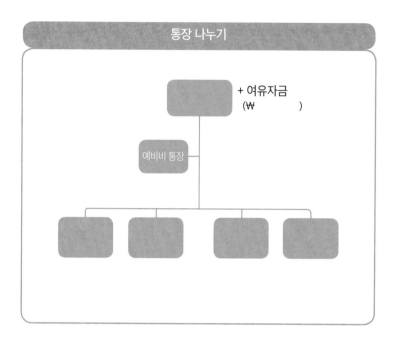

안전빵을 위하여, 예비비 통장

　30대인 직장인 K씨는 새벽 극심한 통증에 응급실을 찾았습니다. 피검사, 엑스레이, CT 등 온갖 검사를 마치고 한 시간 반이 족히 지나서야 결과를 듣게 됩니다. 원인은 요로결석, 몸속에 돌이 생겼답니다. 지름이 4㎜ 이하면 자연스럽게 배출될 수 있지만 그보다 훨씬 커서 체외충격파 쇄석술을 해야 한다고 합니다. 비용은 50만 원. 1~2주 후에도 필요하면 다시 해야 할지도 모른다고 해요. 그때는 25만 원 정도라고 합니다. 아파죽겠는데 그런 얘긴 들리지도 않습니다. 비용이 500만 원이라도 할 수 있을 것 같습니다.

　한 시간에 걸쳐 체외충격파 쇄석술을 받은 뒤 약간의 아리아리함이 남아 있지만 그래도 이제야 좀 살 만해요. 그제야 병원비 걱정이 되기 시작합니다. 응급실에 약값에 체외충격파 쇄석술 비용까지 70만 원 정도가 나왔어요. 실비보험이 있기는 하지만 입원이 필요 없는 체외충격파 쇄석술의 경우 통원이므로 외래의료비 25만 원 한도, 약제비 5만 원 한도. 응급실 비용에 체외충격파 쇄석술 비용을 감당하기에는 턱없어요. 곧 있으면 명절이라 부모님 용돈도 드려야 하는데, 머리가 복잡해집니다.

　한 치 앞도 모르는 게 인생이라고 했던가요. 어제는 멀쩡하다가 오늘 어떤 일을 겪을지 모릅니다. 돈 들어갈 일이 언제 닥칠지 모른다는 의미이기도 합니다. 소소하게는 꼭 돈이 없을 때 화장품이 똑 떨어진다거나, 지인들의 결혼식 청첩장을 한꺼번에 받는 상황부터 다니던 회사가 문을 닫거나 갑작스럽게 구조조정을 해서 생계를 걱정해야 하는 문제까지. 만약 이럴 때 당장 쓸 돈이 없다면 어떨까요?

빌려야 합니다. 그런데 돈이 없어서 돈을 빌렸는데 그 빌린 돈을 갚는 게 과연 쉬울까요? 금융채무 불이행자, 익숙한 단어로 표현하자면 신용불량자가 되는 사람 중 많은 수가 500만 원 미만의 빚 때문이라고 합니다. 먹고살기 위한 생계형 빚인 경우가 많습니다.

"저는요, 모아놓은 돈이 있어요!"

그렇군요. 그런데 모아놓은 적금통장을 깬다면? 오, 마이 갓! 예금이자 받을 기회를 놓치고 말아요. 더 큰 문제는 이렇게 적금 깨는 것에 익숙해지면 목돈을 모으는 습관조차 기를 수 없을지도 모른다는 점이죠.

방법이 있습니다. 실직하거나 갑자기 급한 돈이 필요할 때를 위한 예비비 통장입니다. 긴급자금 목적의 예비 비상금인데요. 예비비를 비상금이라고 말하면 다들 묘한 표정을 짓습니다.

'아, 나도 남들이 모르는 비상금 통장이 하나 있지, 흠.'

비상금 통장을 배우자가 몰래 모아놓은 돈으로 오해하기도 해서 다른 용어가 필요했습니다. 들어보셨을지 모르겠습니다. 예비비 통장을 다른 말로 '저수지 통장'이라고도 부릅니다. 저수지는 물을 저장해놓고 농사를 지으면서 필요할 때 당겨쓰는 곳입니다. 돈이 부족해서 쩍쩍 땅이 갈라지는 듯한 느낌을 받을 때가 있죠. 그럴 때 저수지 통장에서 돈을 당겨와 쓰면 단비가 내리는 듯한 느낌을 주죠.

저수지 통장에 최소 석 달 정도의 생활비(고정지출+변동지출)를 모아놓을 필요가 있습니다. 안전빵을 위해서죠. 6개월 정도까지의 생활비를 모아놓으면 더 좋구요. 그리고 예비비 목적의 통장은 되도록 꺼내 쓸 수 없도록 생활비 통장과 다른 은행이 좋습니다. 단기목적 자금을 운용하는 금융상품인 CMA에 넣어두는 것도 하나의 방법일 수 있습니다.

Q

한 달 생활비(고정지출과 변동지출)는 얼마인가요?

생활비×3개월 금액은 얼마인가요?

예비비 통장이 있다면 채워 넣어야 할 목표 금액은 얼마인가요?

꼬박꼬박, 고정지출 통장

고정적으로 나가는 돈은 웬만하면 자동이체 해놓는 것이 좋습니다. 나가야 할 돈이 안 나가면 연체이자율이 생각보다 크기 때문입니다. 그뿐인가요. 신용등급에 영향을 줄 수도 있습니다. 제때 돈을 안 냈다는 이유로 생돈이 나가는 가슴 아픈 일은 겪지 않는 것이 좋습니다. 매달 나가야만 하는 일정 금액을 계산하고 약간의 여유자금 1~2만 원을 더 넣어두는 것을 추천해드려요.

이제 남은 금액 중 일부를 욜로통장으로 활용합니다. 금액에 따라서 기간이 달라질 수도, 기간에 따라서 금액이 달라질 수도 있습니다. '여행을 1년 뒤에 가겠다'와 '5년 뒤에 가겠다'의 차이는 목표 자금을 12개월로 나눠 월 얼마가 들어가는지 계산하는 것과 12×5=60개월로 나눠서 월 넣어야 하는 금액은 분명 차이가 있을 테니까요. 자신이 넣을 수 있는 금액에 맞추어 목표 기간을 정하는 법, 목표 기간에 맞추어 금액을 정하는 법, 모두 욜로통장의 목적에 따라서 선택해야 할 문제입니다.

자, 이제 첫 달은 쓰고 남는 돈으로 저축금액을 정합니다. 소비하여 얼마를 쓰고 있는지 파악하게 됐다면 두 번째 달부터는 선 저축, 후 소비를 하면 되겠죠.

미래를 위한 돈

목표 없이 '저축해야 하는데……'라고만 하면 실패 확률이 높습니다. 만기까지 가져가지 못하고 중도해지를 해버리면 약정된 이자를 받지 못하고 얼마 되지 않는 이자와 목표한 금액도 손에 쥘 수 없습니다. 저축 목표를 생각해볼까요. 예를 들어보겠습니다.

"배움이 더 필요할 것 같습니다. 3년 뒤 대학원에 진학해서 공부하고 싶어요."

그렇다면 '학자금'이 목표가 될 수 있습니다.

"지금 만나는 사람이 있는데 5년 뒤에는 결혼을 생각하고 있습니다."

그렇다면 '결혼자금'이 목표가 될 수 있습니다. 만나는 사람이 없어도 결혼 계획은 할 수 있습니다. 혹시 아나요? 오늘 운명의 짝을 만나게 될지도. 사람 일은 모르니까요.

"결혼할 때는 전월세로 시작했지만 10년 뒤에는 독립적으로 생각할 수 있는 공간, 서재까지 있는 방 네 칸짜리 아파트로 가고 싶어요!"

그렇다면 '주택자금'을 목표로 저축을 시작하면 됩니다.

갑자기 사고 싶은 물건이 생겼을 때 등 저축을 중도해지하고 싶을 때는 저축 목표를 머릿속에 그려보세요. 저축이 아닌 중도해지를 포기할 가능성이 큽니다.

그런데 왜 저축을 해야 하는 걸까요? 그때 벌어서 그때 쓰면서 살면 안 되는 걸까요? 저축의 필요성은 다양합니다.

- 갑자기 필요할 때 쓰려면 모아놓은 돈이 있어야 합니다. 사람 일은 모릅니다. 갑자기 아플지도, 사고를 당할지도, 손해배상을 해줘야 하는 상황이 생길지도요.
- 목적성 자금을 모으기 위해서입니다. 당장 돈이 없어도 여행을 갈 수 있습니다. 대출을 받아서요. 당장 돈이 없어도 물건도 살 수 있습니다. 할부로요. 하지만 돈에 대한 대가, 즉 이자를 부담해야 합니다. 돈을 모아서 산다면 이자를 부담할 필요도, 돌아올 상환일을 걱정하지 않아도 됩니다.
- 노후자금 준비를 위해서입니다. 나이가 들어 소득이 없을 때 병원비, 생활비 등을 써야 하기 때문이죠.

원금손실 없이 안정적으로 저축할 수 있는 금융상품으로 대표적인 것이 예금과 적금입니다. '요구불 예금'이란 흔히 우리가 보통예금이라고 부르는, 원할 때 언제든지 돈을 넣었다 찾을 수 있는 예금입니다. 예금 인출이 자유로우나 저축성 예금과 비교하면 이자가 매우 낮은 것이 특징입니다. '정기예금'이란 일정 기간 일정 금액을 넣어두고 만기에 원리금을 찾는 예금입니다. '정기적금'은 정해진 기간마다 일정액을 매월 저축하는 상품인데요. 그렇다면 '자유적금'은 무엇일까요? 납입 금액과 횟수를 자유롭게 조정하여 일정 기간 저축할 수 있는 적금 상품입니다.

여기서 잠깐! 단리와 복리에 대해 알아보겠습니다.

'단리'는 예금 만기에 이자를 1회 계산하여 지급하는 방식으로 원금에만 이자가 붙는다고 생각하면 됩니다. 예를 들어, 100만 원을 2년 동안 단리로 5%의 이자를 받고 저축한 경우 받게 되는 이자는 원금 100만 원×5%×2년=10만 원이 됩니다.

그에 반해 '복리'는 이자에 이자가 붙어 눈덩이처럼 커지는 것이라고 생각하면 됩니다. 예를 들어, 위와 같은 경우 같은 기간을 저금하지만 받을 수 있는 돈은 100만 원×$(1+5\%)^2$=1,102,500원이 됩니다. 즉 이자는 102,500원입니다.

같은 조건이라면 받을 수 있는 이자 면에서 단리보다 복리가 유리합니다. 하지만 복리상품을 찾기란 쉽지 않아요. 그래서 1년 예금 만기 때 '앗싸, 오늘 예금 만기일! 이자 나왔음. 이자로 뭐 사지?' 하고 원금만 예금하고 이자는 써버릴 것이 아니라, '1년 원리금 그대로 예금하고 또 1년 후 원금과 이자 그대로 예치' 이런 시스템을 만드는 게 중요하죠.

그렇다면 예금과 적금에 가입하기 전 고려해야 할 사항은 없을까요? 있습니다. 다음과 같습니다.

- 금리 확인
- 만기 채우기
- 비과세 상품 활용
- 특판 예금 활용
- 예금자보호제도

더 높은 이자율의 상품에 가입해야 조금이라도 더 많은 이자를 받을 수 있습니다. 이때 중요한 것은 만기를 채우는 것인데요, 중도에 해지하면 약정된 이자를 받을 수 없기 때문이죠. 이자에도 세금이 붙습니다. 금융소득에는 15.4%의 이자소득세를 뗍니다. 그래서 세금이 붙지 않는 상품을 활용하는 것이 좋습니다. 참고로 연간 금융소득이 2,000만 원 이상이면 종합소득 과세를 통해 누진세율을 적용받습니다.

금융회사에서는 때때로 특판 예금을 판매합니다. 조건이 붙기도 합니다. "5세 이하의 어린이 적금 상품, 연 6%"처럼요. 한시적으로 판매하는 만큼 다른 예금보다 높은 금리와 특혜를 주기도 하므로 예금에 가입하기 전에 여러 금융기관의 상품들을 비교하는 것이 좋습니다.

예금과 적금의 가장 큰 장점은 원금손실 없이 안정적인 수익이 가능하다는 것입니다. 바로 예금자보호제도가 있기 때문인데요. 예금자보호제도란 금융회사의 파산 등으로 고객의 금융자산을 지급하지 못할 때 예금보험공사가 예금자보호법에 따라 예금의 일부 또는 전액을 대신 돌려주는 제도를 말합니다. 예금보험공사는 금융회사로부터 예금보험료를 받아 예금보험기금을 적립한 후 금융기관이 파산 등으로 인해 예금을 지급할 수 없는 상황이 되면 대신해서 예금을 지급합니다. 금융기관별로 예금자 1인당 예금 원리금 합계(원금이 아닙니다. 원금과 이자 합계입니다) 5,000만 원까지 보호하는 것으로 보호한도는 금융회사별로 산정되고 예금자는 개인별로 계산됩니다.

예금보험공사에 예금보험료를 내는 금융회사는 은행뿐 아니라 투자매매업자, 투자중개업자, 보험회사, 종합금융회사, 상호저축은행 등 예금자보호법의 적용을 받습니다. 그리고 농·수·축협 중앙회와 외국은행 지점은 은행법에 따른 은행에 해당합니다. 이에 따라 예금 외에도 개인이 가입한 보험계약, 예금보호대상 금융상품으로 운영되는 확정기여형 퇴직연금 및 개인 퇴직 계좌적립금, 은행 금전신탁, 발행어음 등도 이 제도에 의해 보호를 받습니다. 단, 농·수·축협 단위조합과 새마을금고, 신용협동조합은 예금보험공사에서 예금자보호를 하지 않습니다. 각 중앙회에서 자체적으로 적립한 별도의 기금을 통해서 예금자를 보호하고 있습니다.

그렇다면 예·적금의 단점은 없을까요? 있습니다. 지금은 저금리 시대입니다. 인플레이션을 고려한다면 실질적인 금리는 더 낮아집니다. 즉, 물가가 치솟는다면 화폐의 가치가 떨어질 수 있습니다.

투자 포트폴리오

투자에는 3원칙이 있습니다.

① 안전성
② 수익성
③ 유동성

① 안전성은 투자 원금 및 이자가 보전되는 정도를 말합니다.

② 수익성은 보유자산으로부터 이익(시세 차익 또는 이자 수입 등)을 기대할 수 있는 정도를 말하고,

끝으로 ③ 유동성은 얼마나 신속하게 현금으로 바꿀 수 있는지의 정도입니다.

저축의 목적과 기간에 따라서 안전성, 수익성, 유동성 중 어떤 것을 중요하게 보느냐에 따라 알맞은 금융상품을 선택해야 합니다. 금융투자 결정의 기본은 '자기 책임의 원칙'입니다. 금융기관에 종사하는 사람들이 "원금을 보장한다. 수익을 보장한다. 손실 보전을 약속한다"라고 할지라도 이것은 법률로 금지된 행위임과 동시에 효력 인정도 어렵습니다. 그래서 계약서 작성 서명 날인 전 기재된 사항을 꼼꼼하게 검토해야 합니다.

금융투자상품에 대해서 좀 더 자세히 알아볼까요? 우선, '채권'은

국가나 지방자치단체, 특별법에 따라 설립된 법인 및 주식회사 등이 장기의 자금을 조달하는 것으로 국채, 지방채, 금융채, 회사채 등이 있습니다. 국가나 공공기관, 금융기관 또는 기업이 일정한 이자를 지급할 것을 약속하고 투자자로부터 돈을 빌린 후 제공하는 채무증서입니다. 쉽게 말해, 돈이 필요한 기관에 우리가 돈을 빌려주는 거죠. 기관이 망하지 않는 한 돈을 돌려받을 수 있을 겁니다. 회사 차원에서는 이자를 쳐서 갚아야 할 '빚'인 셈이고요. 일반 차용증서와는 다릅니다. 만기 전에 매매할 수 있기 때문입니다.

채권의 경우, 이자를 지급하고 만기에 원금을 받습니다. 채무증서이므로 의결권은 당연히 없습니다. 개인투자자보다 금융기관이나 법인 등 기관 간 대량 거래가 많이 이루어지는 편입니다.

다음은 '주식'입니다. 주식이란 주식회사의 자본을 구성하는 단위로 기업은 사업하는 데 필요한 자본을 얻기 위해서 주식을 발행하게됩니다. 즉, 주식은 회사 입장에서 보면 자기자본입니다. 그리고 주식에 투자한 사람은 주주(주식회사의 주인)가 됨으로써 권리와 지분을 취득하게 됩니다. 주주가 되면 회사와 한 배를 탔다고 볼 수 있겠네요.

그러면 주주의 권리에는 무엇이 있을까요? 먼저, 기업에 이윤이 날때 배당금을 받을 수 있습니다. 기업에 이윤이 나지 않는다면 배당금이 줄거나 받지 못할 수도 있겠죠. 또한 주주는 의결권을 가집니다. 주주총회에서 이사 및 감사의 선임과 해임, 기업합병 등 중요한 경영문제에 대해서 의결권을 가지게 되죠. 즉, 회사 경영에 감 놔라, 배 놔라 의견을 낼 수 있게 되는 거라고 보면 될까요. 주식 평등의 원칙에 따라 1주마다 1개의 의결권을 갖는 것이 원칙입니다. 보통주는 의결권을 갖지만 보통주에 대응하는 개념인 우선주는 의결권이 없습니다. 그러나 우선주는 보통주보다 재산적 이익(이자배당, 잔여재산의 분배 등)에 있어 우선하여 지위가 인정됩니다.

주식은 시장가격 변동 위험이 큽니다. 그래서 높은 수익을 기대할 수도, 원금을 손해볼 수도 있는 양면성을 가지고 있습니다. 시간적 여유가 없고 전문지식이 부족한데도 직접 주식에 투자하는 것은 원금손실의 위험이 큽니다. 그래서 투자 설계 시 생각해봐야 할 것은 다음 세 가지입니다.

· 장기투자
· 분산투자
· 간접투자

왜 직접투자가 아니라 간접투자일까요? 국내외 기관투자가는 일반인보다 더 많은 정보력과 전문성을 갖추고 있습니다. 만약 '저도 전문성을 키우겠습니다!'라며 공부를 시작한다면? 오히려 자신의 본업에 충실하지 못하게 될 가능성이 커집니다. 전문지식을 키우고자 주식 공부에 투자하는 시간도 그렇거니와 주식가격의 변동에 신경 쓰는 에너지 비용까지. 그 시간에 자기 일에 집중하는 게 장기적으로는 더 나을 수 있습니다.

주식형 펀드의 경우 전문가가 다양한 상품에 분산투자하여 운영 위험을 낮출 수 있습니다. 또한 부동산에 간접투자를 하는 부동산 펀드 등도 있습니다.

펀드란 여러 사람으로부터 돈을 모아 집합투자업자인 자산운용사가 주식, 채권, 파생상품, 부동산 등에 대신 투자해주는 상품을 말합니다. 전문 운용업자인 자산운용사가 운용하므로 정보력과 전문성을 갖추고 있다고 볼 수 있습니다. 소액으로도 투자할 수 있다는 점, 분산투자가 원칙이므로 위험 감소 기능도 있습니다.

하지만 그에 대한 대가를 지급해야겠죠. 운용보수나 판매보수, 수수료 등을 지급해야 합니다. 그리고 펀드도 투자입니다. 예금자보호 대상이 아니며, 당연히 원금손실 발생 가능성도 있습니다.

그렇다면 얼마를 투자해야 할까요? 투자는 여유자금으로 투자하는 것이 좋습니다. 여유자금은 사람마다 다르겠죠.

"저에게 5,000만 원이 있어요!"

질문 하나 드리겠습니다.

"그 5,000만 원, 잃어도 괜찮으신가요?"

누누이 말하지만, 투자는 원금손실 가능성이 존재합니다. 사실 5,000만 원이면 여유자금이라기보다 종자돈으로 볼 수 있습니다. 전세금이 될 수도 있고 주택마련에 쓰일 수도 있죠. 그리고 이런 돈은 잃었을 때 "그 돈이 어떤 돈인데!"라는 말이 나오지 않을까요? 투자는 금융자산의 20% 내외로 투자하는 것이 안전합니다. 그렇다면

5,000만 원의 20%인 1,000만 원! 자, 그럼 1,000만 원으로 투자 포트 폴리오를 작성해볼까요?

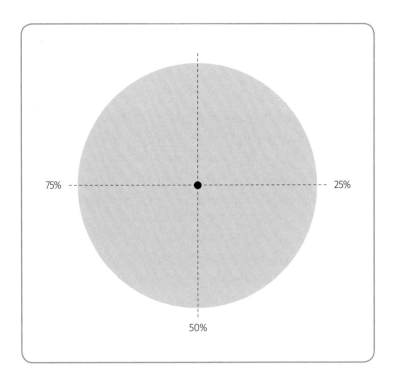

상품	펀드	주식·채권	기타	합계
%				100%

1,000만 원이 있다면?

75% --- 50% --- 25%

투자는 여유자금으로 하는 것을 추천합니다. 여유자금. 어디서 많이 나왔던 단어 아닌가요? 네, 맞습니다. 통장 나누기 생활비 통장 부분에서 "생활비에 여유자금 남겨두기!" 생활비를 쓰고 남은 돈이 진정한 여유자금이 되는 것입니다. 생활비로 쓸 수 있었지만 남은 돈, 써도 괜찮은 돈, 수익률이 떨어질 때 '어떡하지, 아~ 팔아버릴까' 하지 않아도 될 돈, 잃어도 마음 아프지 않을 돈, '잃어도 뭐 상관없어, 그냥 두지 뭐' 하고 쿨하게 장기로 가지고 갈 수 있는 바로 그 돈. 이것이 진정한 여유자금이라고 할 수 있습니다.

"저는요, 투자하면 마음이 너무 조마조마해서 다른 일에 집중할 수 없어요."

그렇다면 투자? 꼭 할 필요 없습니다. 예금자보호가 되는 예적금 상품에만 가입해도 괜찮습니다. 최고의 금융상품은 바로 나에게 맞는 상품이니까요.

Q

투자한 적이 있나요?

☐ 네   ☐ 아니오

선호하는 투자상품은 무엇인가요? 이유는 무엇인가요?

결과는 만족스러웠나요? 만약 만족하지 못했다면 이유는 무엇인가요?

기대하는 투자 수익률은 어느 정도인가요?

연   %

투자해서 잃어도 괜찮을 돈, 소득의 몇 %인가요?

소득의   %
금액으로는   원

나의 투자 성향은?

☐ 안정형: 수익이 낮더라도 피 같은 원금을 잃을 수는 없다.
☐ 중립형: 어느 정도의 손실은 감수할 수 있다.
☐ 공격형: 모 아니면 도! 고수익을 위해선 원금 그까이꺼!

시간으로 나누기

상품별로 돈을 나누는 것도 좋고, 시간별로 필요한 돈을 나눠서 관리하는 것도 좋은 방법입니다. 시간에 따라 선택하는 금융상품이 달라질 수 있기 때문이죠. 예를 들어, 석 달 뒤에 가는 여행은 하루만 넣어도 이자를 주는 CMA. 돈을 모아서 1년 뒤쯤 살 건조기는 매달 10만 원씩 정기적금에 넣고요, 5년 뒤 대학원에 다닐 목표로 세웠다면 펀드에 넣어서 운용하는 것도 방법일 수 있습니다.

아이 대학교 등록금은 아직 한참 남았어요. 15년간 은행에 묻어둔다면 지금 돈의 가치가 십수 년 후 돈의 가치와 같지는 않을 터. 더구나 아이에게 쓸 교육비는 장기투자가 가능하므로 일부는 안정적으로 적립식 펀드에, 일부는 아이가 좋아하는 장난감회사 주식을 여유자금이 생길 때마다 저축하듯 살까 합니다.

노후 준비를 위해 연금저축도 넣고자 합니다.

목표	필요 시점	금융상품 선택하기
여행	3개월 후	CMA
건조기	1년 후	적금 및 예금
대학원 등록금	5년 후	펀드
아이 대학교 등록금	15년 후	적립식 펀드, 주식
노후자금	30년 후	연금저축

자, 목표에 대한 기간과 금융상품에 대해 생각해볼까요?

목표	필요 시점	금융상품 선택하기

되돌아보기

"가계부도 매일 쓰고 예산도 완벽히 예쁘게 작성했는데 변하는 건 1도 없습니다. 대체 이유가 뭘까요?"

저도 비슷한 경험이 있습니다. 학교 다닐 때 일입니다.

· 공부 시작 전 책상 정리를 하는 데 많은 시간을 투자함.
· 시험 일정에 맞춰 계획표를 작성하고 매우 뿌듯해함.
· 컬러풀한 볼펜과 형형색색 형광펜으로 예술품에 가까운 노트필기를 함.

나름대로 열심히 했는데 성적은 나오지 않아요.

회사생활에서도 이와 다르지 않았습니다. 다이어리에 꼼꼼하게 메모해놓았는데, 기억이 안 나요. 그런데 어느 날 동기 오빠의 뼈 있는 일침에 문제점을 깨닫습니다. "제발 쓰지만 말고 다시 좀 봐라. 이 멍충아."

맞아요. 너무 당연한 건데 몰랐어요. 다이어리를 잘 쓴다고 다가 아니었어요. 공부도 그래요. 계획을 잘 세우고 필기를 예쁘게 했다 해서 성적이 잘 나오는 게 아니었어요. 적은 걸 다시 봐야 의미가 있는 거였어요.

지금까지 가계부를 적고 예산을 계획해온 것도 분명 칭찬할 만한 일입니다. 하지만 거기서 한 걸음만 더 내디뎌보세요. 정말 중요한 건 따로 있어요. '되돌아보기'입니다. 돈 공부도 다르지 않습니다. 가계부를 잘 작성하고 예산을 계획하는 것만으로 바뀌는 건 없습니다. 지출 내용을 정리하고 분석하며 마무리하는 '결산'이 필요합니다.

· 어느 계정에 많이 지출하고 있는가?

· 꼭 필요한 지출이었는가?

· 문제점은 무엇인가?

· 해결법은 무엇인가?

　그럼 예산을 한 번 잡으면 끝일까요? 그렇지 않습니다. 이런 과정은 한 번 한다고 끝이 될 수 없습니다. 시간이 지날수록 모든 것이 시시각각 변합니다. 우리도 그렇습니다. 지출 패턴은 언제든지 달라질 수 있습니다. 인생에는 다양한 이벤트들이 등장합니다. 그래서 되도록 매달 점검이 필요하지만, 시간이 부족하다면 1년에 한 번씩이라도 지금까지 우리가 함께 해왔던 활동들을 되돌아보며 재무상태를 점검할 필요가 있습니다.

　적어온 것을 되돌아보며 고민해보세요. 그리고 행동의 변화까지 이뤄져야 진짜 부자되기 프로젝트를 마쳤다고 할 수 있습니다.

Q

지출의 문제점은 무엇인가요?

문제점의 해결방법은 무엇인가요?

예산 목표를 달성하기 위해 어떤 노력을 했나요?

2부

알아두면
쓸 데 많은
신비한
금융지식

[연말정산]
13월의 세금폭탄?
13월의 보너스~

연말정산 왜 해요?

그 어렵다는 취업에 성공했습니다. 인수인계를 받고 하나하나 배워가는 신입사원 C씨. 그런데 입사 후 1년이 되었을까요. 회사에서는 연말정산을 해야 하니 서류를 떼어오라는 게 아닌가요. 뭘 어떻게 해야 하는지 자세히 가르쳐주지도 않고 말이죠. 동기들과 함께 머리를 맞대보고 하나의 결론에 다다랐어요.

'너도 모르고 나도 모르는 연말정산.'

일 하나는 똑 부러지는 선배님께 물어봤지만 '알아서 해야 한다'는 대답만이 돌아올 뿐이었습니다. 참 막막하기 그지없어요. 대체 이 귀찮은 것을 왜 하라는 건지. 그런데 막상 보니까 제가 쓴 카드랑 병원비까지도 자동으로 올라와 있는 게 아니겠어요? 나이스! 자동으로 해주는 건데 왜 서류를 챙겨오라 했는지 의문은 남습니다만, 뭐 신경쓸 일은 아닌 것 같아요.

2월, 세금을 토해내게 생겼습니다. 생돈이 나가는 것 같아서 한쪽 가슴이 아픕니다. 그런데 나보다 급여도 훨씬 많은 선배님은 보너스에 달하는 금액을 환급받는다고 해요. 어떻게 된 일일까요?

선배님이 정확하게 말씀해주셨네요. 연말정산은 각자 자신에게 맞춰서 알아서 해야 합니다. 사람마다 다르기 때문이죠.

연말정산이란? 간이세액표에 따라 미리 월급에서 근로소득세를 떼고, 다음 해 2월에 실제 부담할 세액을 정산하는 것. 쉽게 말해 1월 1일부터 12월 31일까지 1년 동안 실소득보다 많은 세금을 냈으면 그만큼을 돌려받고 적게 냈으면 더 내야 하는 절차입니다.

이런 귀찮은 연말정산을 왜 하는 걸까요?

매월 월급을 지급할 때 정확한 세금 징수에 어려움이 있습니다. 소득공제나 세액공제 등이 확정되지 않았기 때문이기도 하죠. 그래서 임의로 월급에서 세금을 떼고 줍니다. 이러한 제도를 원천징수제도라고 해요. 근데 확정된 게 아니에요. 근로소득 간이세액표에 따라 소득세를 떼는데요. 근로소득 간이세액표는 80%, 100%, 120% 근로자가 선택할 수 있어요.

"그럼 120%를 선택하는 게 낫지 않나요? 전 120% 할래요"

그래요. 120%를 선택한다면 환급받을 가능성은 커지겠죠. 하지만 연말정산 결과 환급받는 금액이 아무리 많아도 이자를 쳐주지는 않습니다. 그런데 세금을 미리 많이 내놓을 필요가 있을까요? 그렇다면 80%가 나을까요? 80%를 선택해서 토해내야 한다면 갑자기 토해내야 할 세금이 부담스러울 수도 있어요. 그래서 만일 토해내지 않아도 된다면 80%를 택하는 게 합리적인 선택이 될 수도 있습니다.

지금부터 혼자서도 할 수 있는 맞춤 연말정산~ 시작합니다.

당신의 선택은?

- 80%: 토해내지 않을 것 같다.
- 100%: so so~ 그냥 100%로 하겠다.
- 120%: 나중에 돈 받으면 기분 좋을 것 같다.

※ 꼭 답은 아닐 수 있으므로 참고용으로만 활용하세요

우리가 알아야 할 두 가지

연말정산이 어떻게 흘러가는지 전체적인 과정을 살펴볼까요?

총급여
- 근로소득공제

근로소득금액
- 소득공제

과세표준
× 기본세율

산출세액
- 세액공제 및 감면

결정세액
- 기납부세액

차감징수세액

흐름을 보고 있노라니 토할 것 같네요. 연봉에서 비과세 소득을 제외한 총 급여에서 근로소득공제를 적용해서 계산된 근로소득금액. 근로소득금액에서 소득공제를 모두 차감하고, 소득공제 한도초과액이 있다면 더한 후, 과세표준이 산출됩니다. 과세표준에는 기본세율이 적용되어 산출세액이 계산돼요.

잠깐! 책장을 넘기지 마세요. 충분히 이해합니다. 책장을 넘겨버리고 싶다든지 아예 덮어버리고 싶은 그 마음을요. 다행히 우리는 이 모든 걸 알 필요는 없습니다. '연말정산 간소화 서비스'가 웬만한 건 알아서 다 해주니까요. 우리의 목적은 어떻게 해야 13월의 보너스를 받느냐는 것입니다. 보너스를 받기 위해서 우리가 알아야 할 건 단 두 가지, '소득공제'와 '세액공제'입니다.

① 소득공제

과세표준을 줄여야 세금도 줄어듭니다. 이 말인즉, 과세표준을 줄이려면 소득공제를 최대한 늘려야 한다는 뜻이죠.

② 세액공제

위와 같은 맥락입니다. 결정세액을 낮추려면 세액공제를 크게 만들어야 합니다.

이렇게 결정세액이 결정되고,

결정세액 > 원천징수로 납부한 세금 → 세금 토해내기
결정세액 < 원천징수로 납부한 세금 → 앗싸, 보너스!

이렇게 됩니다. 그런데 참고로 말씀드린다면, 급여가 적다면 지금까지 납부한 세금도 적을 것입니다. 이건 내가 낸 세금을 돌려받는 개념이기 때문에 납부한 세금보다 더 많은 돈을 받기는 어렵다는 점!

소득공제 항목은 크게 인적공제, 연금보험료공제, 특별소득공제, 그 밖의 기타 소득공제가 있어요. 항목별로 차근차근 섬세하게 들어갑니다. 먼저 인적공제부터 알아볼까요?

인적공제

아버지께서 몇 해 전 뇌졸중으로 쓰러지셔서 집안의 실질적인 가장 역할을 하는 B씨. 서울에서 직장생활을 하는 B씨는 월급날이 되면 부모님께 생활비부터 보내드리고 있습니다. B씨는 연말정산을 어떻게 하면 나을까요?

해당 근로자와 생계를 같이하는 부양근로자에 대해 생계 등을 고려하여 인적공제 제도를 두고 있습니다.

구분	내용	
기본공제	본인, 배우자, 부양가족에 대해 1인당 150만 원씩 공제	
	배우자: 나이 제한 없음. 소득 요건 필요 직계존속: 만 60세 이상. 소득 요건 필요 직계비속과 입양자: 만 20세 이하. 소득 요건 필요 형제·자매: 만 20세 이하 또는 만 60세 이상	
추가공제	기본공제에 추가하여 공제	
	장애인 1명당 200만 원	기본공제 대상자 중 장애인
	경로우대자 1명당 100만 원	기본공제 대상자 중 만 70세 이상
	부녀자 50만 원	근로소득금액 3,000만 원 이하인 근로자 중 하나에 해당하면, · 배우자가 있는 여성근로자 · 기본공제 대상자가 있는 여성근로자로서 세대주
	한부모가정 100만 원	배우자가 없는 자로서 기본공제 대상인 직계비속 또는 입양자가 있는 경우 (부녀자 공제와 중복 적용 X)

먼저 기본공제 대상은 연간소득금액이 100만 원(근로소득만 있는 자는 총 급여액이 500만 원) 이하여야만 합니다.

그럼 B씨는 부모님과 따로 살고 있으므로 부양가족 공제를 받지 못하는 걸까요? 결론부터 말하자면 아닙니다. 배우자와 직계존속, 직계비속과 입양자의 경우는 동거하지 않아도 나이와 소득 요건을 만족하면 부양가족 공제대상이 될 수 있습니다.

직계존속이란 부모, 증부모, 증조부모 등 자신을 중심으로 두고 위로 올라가는 관계입니다. 반대로 직계비속이란 아래로 내려가는 관계입니다. 자녀, 손자, 증손 등을 말합니다.

만약 결혼한 기혼자라면? 배우자의 부모님도 인적공제 대상입니다. 장모님이나 장인어른, 시어머니 또는 시아버지도 포함됩니다. 부부는 일심동체라고 생각하시면 될 것 같아요.

하지만 형제·자매가 따로 살아도 가능할까요? 그렇지는 않습니다. 만 20세 이하의 형제·자매의 경우에 연령, 소득 요건의 만족과 동시에 반드시 같이 살아야만 공제 대상자가 될 수 있기 때문입니다. 단, 예외는 있습니다. 형제·자매가 취학·질병의 요양, 근무상 또는 사업상의 형편 등으로 일시적으로 다른 곳으로 이사한 상태임을 증명하면 부양가족으로 인정받을 수 있습니다. 이때도 기혼자라면 처남, 처제, 시누이, 시동생도 같이 살면서 본인이 부양한다면 당연히 공제 대상입니다.

그러면 B씨는 기본공제만 받을 수 있을까요? 아닙니다. 추가공제도 받을 수 있습니다.

장애인 추가공제가 가능합니다. 여기서 장애인은 우리가 일반적으로 생각하는 장애인과는 다릅니다. 장애인 등록증, 즉 장애인 복지카드가 있는 장애인은 당연히 세법상으로도 장애인으로 인정받습니다. 또한 항시 치료를 필요로 하는 중증환자, 백혈병, 암, 중풍 등 장기간 치료가 필요한 중병에 걸린 부양가족도 장애인 공제가 가능합니다. 장애인 등록증이 없어도 의료기관에서 의사의 서명 또는 날인을 받은 장애인 증명서를 발급받아 세법상 장애인으로 인정받을 수 있죠.

참고로 국가유공자 등 예우 및 지원에 관한 법률에 따른 상이자 또는 상이자와 유사한 자로서 근로능력이 없는 자도 장애인의 범위에 들어갑니다. 만 70세 이상이라면 추가공제 중 경로우대자공제도 해당되실 거예요.

그래서 B씨는 연말정산 간소화에서 미리 아버지의 정보 제공 동의를 신청한다면 아래와 같은 소득공제금액을 받게 될 것입니다.

아버지 기본공제 150만 원+추가공제 중 장애인공제 200만 원+만 70세 이상일 경우 추가공제 중 경로우대자공제 100만 원까지 총 450만 원

참고로 만약 B씨에게 다른 형제가 있다면 형제 중 한 명만 신고해야 함을 잊지 마세요.

내가 받을 수 있는 인적공제는?

■ 소득 요건을 충족하는(연간소득금액 합계액 100만 원 이하. 근로소
득만 있는 경우 총 급여액 500만 원 이하) 배우자가 있다.
→ 배우자 기본공제 가능

■ 소득 요건을 충족하는 만 60세 이상의 직계존속(부모님, 배우자
의 부모님)이 계시다.
→ 부양가족 기본공제 가능

■ 소득 요건을 충족하는 만 20세 이하의 직계비속(자녀, 입양자)
이 있다.
→ 부양가족 기본공제 가능

■ 주소가 같이 되어 있고 소득 요건을 충족하는 만 20세 이하 또
는 만 60세 이상의 형제·자매가 있다.
→ 부양가족 기본공제 가능

■ 기본공제 대상자 중 만 70세 이상이 계시다.
→ 1명당 추가공제 100만 원 가능

■ 기본공제 대상자 중 암, 중풍, 치매, 난치성 질환 등 중증환자가
있다.
→ 의사로부터 장애인 증명서 발급받으면 장애인 추가공제
200만 원 가능

■ 근로소득이 3,000만 원 이하인 여성 근로자로서 기혼 또는 부
양가족이 있는 세대주의 부녀자다.
→ 50만 원 추가공제 가능

■ 이혼 또는 사별로 인해 만 20세 이하의 자녀를 혼자 키우고 있다.
→ 한부모공제 100만 원 가능. 단, 부녀자 공제와 중복 적
용 안 됨.

신용카드 vs 체크카드

집돌이 K씨. 여느 주말처럼 텔레비전을 보고 있는데 갑자기 화면이 안 나오네요. 한창 재밌는 장면이 시작되려 했는데 짜증이 밀려옵니다. 다시 생각하니 그럴 수도 있겠다 싶습니다. 주말이면 이 텔레비전을 옆에 끼고 살아왔는데 그게 벌써 10년이 훌쩍 넘었습니다. 지금까지 버텨준 것만으로도 어쩌면 고마운 일인지도 모른다는 생각도 듭니다. 10년이 넘은 텔레비전은 갖다 버리고 화질도 끝내주는 최신 텔레비전을 살 생각을 하니 나쁘지만은 않은 것도 같습니다.

가까운 전자제품 마트를 찾은 K씨. 어머, 이게 웬일인가요. 예상했던 금액보다 훨씬 저렴합니다. 텔레비전 대할인 이벤트를 하고 있는 게 아니겠어요. 역시 운이 좋은 것 같아요. 구매를 결정하고 결제를 하려는 순간, 아까 영업사원에게 들었던 금액보다 훨씬 비싸요. 어떻게 된 일일까요.

이유가 있었습니다. △△신용카드로 결제해야 할인을 받을 수 있었던 거였어요. 연회비 등을 따져보았을 때 신용카드로 사는 것이 더 나을 것 같다는 생각이 듭니다. 하지만 그를 갈등하게 하는 건 지금까지 그가 체크카드만을 고집해왔다는 것. 연말정산 때 신용카드보다 체크카드 공제율이 더 높기 때문이었죠.

신용카드를 결제하는 게 더 나을까요? 체크카드 소득공제를 받는 게 더 나을까요?

신용카드 공제는 언제 생긴 걸까요? 응답하라 1999년. 벌써 20년 전부터 시행되었습니다. 근로자가 신용카드를 사용하면 현금거래가 많은 자영업자들의 숨겨진 소득이 파악 가능했기 때문입니다. 신용카드 소득공제가 없어진다 아니다를 반복하며 일단 2022년까지는 연장되었습니다. 신용카드와 체크카드 등의 소득공제율을 한번 살펴볼까요.

K씨의 말처럼 신용카드와 체크카드의 공제율이 차이가 나는 건 맞습니다.

공제 항목 및 한도		
공제율	항목	한도
15%	신용카드 사용금액	총 급여액 7,000만 원 이하: 300만 원과 총 급여 20% 중 적은 금액 7,000만 원 초과자: 250만 원 1억 2,000만 원 초과자: 200만 원
30%	현금영수증 체크카드(직불카드)	
30%	도서공연비(도서, 공연, 박물관, 미술관)	100만 원
40%	대중교통	100만 원
40%	전통시장, 제로페이(전통시장 한도에 포함)	100만 원

지금 이 책을 샀을 때 낸 돈도 도서공연비로 30% 소득공제를 받을 수 있습니다. 하지만 도서공연비의 경우 총 급여액이 7,000만 원 이하인 경우만 혜택을 받을 수 있답니다.

그러면 신용카드를 1년에 100원만 쓰더라도 소득공제를 받을 수 있을까요? 100만 원 아니고 100원요. 100원을 소득공제해준다면 뭔가 이상하다는 느낌이 스멀스멀~ 100원은 소득공제 대상이 되지 않습니다. 신용카드 등 공제금액은 총 급여액의 25%를 넘어야 의미가 있어요. 신용카드 등 사용금액이 총 급여액의 25% 이하라면 공제받을 수 있는 금액은 0원!

K씨가 연봉이 4,000만 원이라고 가정해볼게요. 1년에 1,000만 원을 안 쓴다면 체크카드를 써도 무용지물.

총 급여액의 25%를 넘는 돈을 쓰고 있어서 신용카드 등 공제를 받을 수 있는 경우라면, 그래도 체크카드만을 써야 할까요? 정답은 X. 둘 다 쓰셔도 돼요. 신용카드를 쓰면서 혜택도 받고, 소득공제율이 높은 체크카드도 쓰면 됩니다.

'신용카드 체크카드 둘 다 쓰면 어떻게 계산되는 거죠?'

궁금증이 생길 수 있습니다. 총 급여액 25% 이하로 신용카드 사용액이 계산되는 것인지, 체크카드 사용액이 먼저 계산되는 것인지, 아니면 사용한 시간순으로 함께 공제되는지. 각각의 때에 따라서 소득공제 받을 수 있는 금액이 확 달라지니까요. 하지만 걱정하지 마세요.

25% 미만 구간은 공제율이 낮은 신용카드 이용액부터 적용받습니다. 카드를 번갈아 쓰더라도 소득공제액을 계산할 때는 신용카드 사용액을 가장 먼저 사용한 것으로 소득공제액을 계산한다는 뜻이죠.

총 급여액 4000만 원의 50%인 2,000만 원을 썼다고 가정해보겠습니다. 신용카드로만 2,000만 원, 또는 체크카드 1,300만 원과 체크카드 700만 원. 소득공제 받을 수 있는 금액은 어떻게 달라질까요?

신용카드	총 급여액 비율	신용카드+체크카드
	100%	
	75%	
신용카드 사용액 2,000만 원	50%	체크카드 1,300만 원
	25%	신용카드 700만 원

최저 사용금액: 총 급여액×25%

최저 사용금액: 4,000만 원×25%=1,000만 원

즉, 1,000만 원은 공제 대상이 아닙니다. 그러면 25%를 초과한 금액은 얼마나 소득공제를 받을 수 있을까요? 계산해보겠습니다.

[신용카드]의 경우

신용카드 공제금액 계산: (신용카드 사용금액-총 급여액의 25%)×15%

(2,000만 원-1,000만 원)×15%=150만 원

[체크카드+신용카드]의 경우

체크카드 등 공제금액 계산: (체크카드 등 사용금액-총 급여액의 25%)×
30%

(체크카드 등 2,000만 원-1,000만 원)×30%=300만 원

25%를 초과한 금액이 둘 다 1000만 원으로 같지만 소득공제 받는 금액은 두 배 차이가 납니다. 그래서 신용카드의 혜택을 생각한다면 신용카드와 체크카드의 최대 황금비율로 사용하는 것이 좋겠죠, 즉 총 급여액의 25%는 신용카드를 쓰고 이후 나머지는 공제율이 높은 제로페이, 체크카드나 현금 등을 사용하는 것이 환급을 더 많이 받을 수 있습니다.

카드 사용금액이 많아서 300만 원 한도초과한 B씨. 신용카드 한도가 300만 원이라서 더 받을 수 없다는 것이 못내 아쉽게 느껴집니다.
아쉬워 마세요. 300만 원보다 더 받을 수 있으니까요. [공제 항목 및 한도] 표를 다시 한번 보세요(118쪽). 전통시장, 대중교통, 도서공연비 한도가 100만 원이라고 되어 있습니다. 왜? 대체 왜! 도서공연비, 대중교통, 전통시장의 경우 공제 한도가 100만 원 따로 되어 있을까요?

만약 한도초과금액이 있다면 추가로 한도를 더 주겠다는 뜻이에요.

표에서처럼 한도초과금액이 있는 경우 전통시장, 대중교통, 도서공연비(도서공연비는 연봉 7,000만 원 이하인 경우)를 각각 100만 원 한도로 추가 공제해줍니다. 즉, 최대 600만 원까지 한도가 늘어난다는 사실~ 두둥!

예를 들어볼까요. 한도초과한 신용카드 사용금액 중 전통시장 사용금액이 300만 원, 대중교통이 200만 원이라면?

전통시장 300만 원×40%=120만 원 → 100만 원 한도이므로 100만 원만

대중교통 200만 원×40%=80만 원 → 100만 원 한도 중 80만 원

그러면 신용카드 한도액 300만 원+전통시장 한도액 100만 원+대중교통 80만 원=480만 원, 총 받을 수 있는 금액은 300만 원이 아닌 480만 원이 됩니다.

벼르고 벼르다가 드디어 신차를 산 P씨. 올해는 신차 가격만 해도 200만 원이 넘었으니 소득공제는 만고땡인 것 같아서 마음이 놓입니다.

신용카드로 스타벅스 기프트콘을 사고 스타벅스로 고고. 기프트콘을 내밀며 커피를 주문하는데 현금영수증 번호를 입력하래요. 어머, 신용카드랑 현금영수증 둘 다 공제를 받을 수 있나 봐요! 대발견! 이

제부터는 스타벅스만 올 거예요.

기쁜 마음에 찬물을 끼얹는 것 같아 미안한 마음이 앞섭니다. 신용카드로 긁었다고 해서 다 신용카드 등 소득공제 대상은 아니랍니다. 신용카드 등 사용금액에서 제외되는 것들이 몇 가지 있어요.

· 자동차 구입비용(단, 신용카드로 중고차를 구입할 경우 구입금액의 10%를 신용카드 사용금액에 포함)
· 자동차 리스 비용
· 보험료: 국민건강보험료, 고용보험료, 연금보험료, 보장성 보험료
· 교육비: 학교 및 보육시설에 납부한 수업료, 보육비 등(취학 전 아동 학원비는 소득공제 가능)
· 공과금: 국세, 지방세, 전기요금, 수도요금, 가스요금, 전화요금(인터넷, 정보사용료), 아파트 관리비, 텔레비전 시청료(종합유선방송 이용료 포함), 도로통행료
· 취득세 혹은 등록면허세가 부과되는 재산의 구입비용
· 금융, 용역 관련 지급액, 수수료, 보증료 등: 차입금 이자상환액, 증권거래 수수료 등
· 세액공제 적용받는 월세액
· 국가, 지방자치단체, 지방자치단체조합에 지급하는 사용료, 수수료 등의 대가(단, 우체국 택배, 보건소 등은 신용카드 사용금액에 포함)
· 기부금, 상품권 등 유가증권 구입비
· 지정 면세점 사용금액

즉, 중고차가 아닌 신차는 신용카드 사용금액에서 제외되고요. 스타벅스 기프트콘과 같은 모바일 상품권은 소득공제에서 제외되고 주문할 때 입력하는 현금영수증만 소득공제 대상입니다.

그러면 신용카드와 중복되는 건 없을까요? 있습니다. 신용카드로 결제한 의료비, 신용카드로 결제한 취학 전 아동의 학원비, 신용카드로 결제한 교복구입비 등이죠.

• • •   **Q**

나의 총 급여액은? (연봉-비과세급여=총 급여액)

앞으로 신용카드로 사용할 금액은(총 급여액의 25%) 얼마?

25%를 넘는 금액은 무엇으로 쓸 예정인가요? 괄호 안에 우선순위를 적어 보세요.

- ☐ 소득공제율 40%: 제로페이
- ☐ 40%: 전통시장
- ☐ 30%: 현금영수증, 체크카드

집도 공제가 된다고요?

중학교에 전교생 대상의 강의를 다녀온 뒤 목이 갔어요. 너무나 열정적으로 강의했기 때문이겠죠. 그날 오프닝으로 친구들에게 단기·중기·장기 목표와 필요한 금액을 생각해보는 시간을 가졌습니다. 여기서 퀴즈!

단기·중기·장기를 고려하지 않고 가장 많이 나온 목표는 무엇이었을까요?

① 연예인 굿즈(연예인 사진이 그려진 필통, 우산 등)
② 휴대전화
③ 교육비(학자금 마련)
④ 화장품
⑤ 집

1번? 땡~ 2번? 땡~ 정답은 5번 집입니다. 이유는 친구들과 함께 자취하고 싶기 때문이었습니다. 그러면 사춘기 친구들만 그런 걸까요?

미취학 아동, 그러니까 5세부터 7세까지의 친구들을 대상으로 화폐 강의를 진행할 때입니다. 돈 하면 생각나는 것, 돈으로 하고 싶거나 사고 싶은 것을 그려보자고 했을 때 집을 가장 많이 그렸어요.

성인은 어떨까요? 집에 관한 관심이 더 큽니다. 기존 집을 리모델링하고 싶다든지, 더 넓은 집으로 이사하기를 꿈꾼다든지. 참고로 집

못지않게 '여행'을 꿈꾼다는 답도 많이 나왔습니다. 집에 대한 갈망이 아이나 어른이나 다르지 않은 것 같습니다.

그런데 중학생 친구들의 경우 집을 살 때 필요 금액을 5,000만 원 이하로 적은 친구들이 적지 않아요. 하지만 우리는 알고 있죠. 집은 그리 저렴하지 않다는 것을요. 주거비가 생활비에서 차지하는 비중은 큽니다. 그래도 다행히 세법에서는 이런 주거비에 다양한 혜택을 주고 있어요. 심지어 나중에 집을 살 예정에 있는 주택청약종합저축 가입자에게까지도 말이죠.

Q

생활비에서 주거비가 차지하는 비중은?

나에게 해당할 것 같은 주택자금 소득공제를 모두 체크해보세요.
- [ ] 주택청약종합저축통장
- [ ] 전세자금대출
- [ ] 반전세자금대출(월세 보증금)
- [ ] 주택담보대출

주택청약종합저축

집을 마련하는 방법에는 크게 청약, 전세, 매매가 있을 것입니다. 전세와 매매에 대한 방법은 부동산 부분에서 자세히 다루기로 하고, 여기서 하고 싶은 이야기는 이런 집에 관한 지출도 소득공제가 가능하다는 점이죠. 먼저 청약저축입니다.

"왜 해야 하는지 모르겠지만 엄마도, 이모도, 선배도, 모두가 한마음 한뜻으로 '주택청약종합저축통장'에 반드시 가입하라고 해요. 그래서 일단 가입은 했어요. 근데 주택청약종합저축통장은 뭐하는 건가요? 괜히 낚인 기분이 듭니다."

새 아파트를 사려면 어떻게 해야 할까요?
"이 아파트 얼만가요? 그러면 저 아파트는요? 3억요? 자, 여기 신용카드로 240개월 할부결제해주세요."
이렇게 동네 마트에서 초콜릿 사듯이 아파트를 살 수가 없어요. 그러면 어떻게 해야 할까요? 새 아파트를 분양받기 위해서는 일정한 자격이 필요합니다. 그리고 그 자격을 얻는 건 열심히 공부하고 시험 합격 후 드디어 자격증 취득! 이런 게 아니고요, 바로 주택청약종합저축통장입니다. '이 아파트 살래요' 하고 새 아파트 청약을 신청하는 거죠. 지금 당장은 필요 없더라도 언젠가는 쓰게 될 일이 올 거예요. 집은 누구에게나 필요하니까요. 그러니 가입 후 꾸준히 넣는 것이 중요합니다.

　그런데 왜 종합저축통장인지 궁금하지 않나요. 옛~날 옛적에는 청약저축, 청약예금, 청약부금이라고 살 수 있는 주택이 국민주택 따로 민영주택 따로 심지어 면적까지 따로따로 되어 있었습니다. 제가 처음 금융 자격증을 취득할 때만 하더라도 각각에 해당하는 내용을 따로 외워야만 했죠. 지금 와서 얘기지만 좀 짜증났어요.

　그런데 지금으로부터 10년 전인 2009년. 이 기능을 한데 묶어 주택청약종합저축이 혜성처럼 등장했죠. 따로따로 구별할 필요 없이 종합적으로 모든 주택에 사용할 수 있어서 상품 이름 중간에 '종합'이라는 단어가 들어간 것 같습니다. 주택청약종합저축 가입은 누구나 할 수 있어요. 한 살 아기도 가입 가능합니다.

　　가입조건: 주택 소유 여부? 상관없음

　　　　　　세대주 여부? 상관없음

　　　　　　나이? 상관없음

　　적립금액: 매월 2만 원~50만 원. 5,000원 단위로 불입 가능. 잔액 1,500

　　　　　　만 원까지 일시예치 가능

　　취급기관: 우리은행, 농협은행, 기업은행, 신한은행, 하나은행, 국민은행,

　　　　　　대구은행, 부산은행, 경남은행

　특징으로는 예금자 보호가 안 돼요. 하지만 국민주택기금의 조성재원으로 정부가 관리합니다. 참고로 국민주택의 경우 전용 40㎡ 이

하 주택은 총 납입횟수가 많은 순서로, 전용 40㎡ 초과 주택은 납입 금액이 많은 순서로 선정됩니다. 1회당 납입금액이 최대 10만 원까지 인정되므로 매달 10만 원씩 꼬박꼬박 넣는 게 국민주택 당첨 확률을 높이는 방법입니다.

'청년우대형 주택청약종합저축이란 것도 있던데요?'라는 질문이 나올 것 같아서 정리해봅니다. 기존 주택청약종합저축의 기능(청약 기능과 소득공제 기능)에 청년을 우대해주는 재형(재산형성) 기능까지 강화된 상품이에요.

가입조건
· 나이: 만 19세~만 34세까지
　　　(군복무 2년의 경우 만 36세까지 가입 가능)
· 연소득 3,000만 원 이하
· 무주택 세대주. 3년 이내 세대주 예정자. 무주택 세대의 세대원

오!! 제 나이도 해당이 됩니다. 하지만 나이만 해당된다고 해서 가입할 수 있는 건 아니에요. 가입조건 모두 충족해야 합니다.

조금 까다롭죠? 그도 그럴 것이 금리 혜택이 빵빵해서 그래요.

혜택
· 청년우대형 가입 기간 2년 이상 시 총 납입금 5,000만 원 한도로 최대 10년까지

- 금리 연 3.3%
- 가입 기간 2년 이상 유지 계좌. 이자 소득 500만 원으로 비과세
- 납입방식: 1,500만 원까지 자유롭게 납입한 후 연간 600만 원 한도에서 납입 가능(2만 원~50만 원)

기존 주택청약저축통장을 가지고 있어도 가입조건에 해당한다면 전환할 수 있고, 그동안의 납입금액, 납입 인정 회차, 기간 등도 모두 인정됩니다. 조건만 된다면 우대이율이 적용되는 청년우대형 주택청약종합저축통장에 가입하는 게 필수인 것 같습니다.

청약가점제라고 들어보셨을 텐데요, 청약가점제란 무주택 기간, 청약통장 가입 기간, 부양가족 수에 따라 가점을 산정해 총 점수가 높은 순으로 청약 당첨자를 선정하는 거죠. 그래서 가점을 높이는 방법은 무주택 기간이 길고, 부양가족 수가 많으며, 청약통장 가입 기간이 길어야 유리합니다. 그래서 청약통장은 하루라도 빨리 가입해서 길게 유지하는 것이 좋습니다. 가점제 만점은 84점이고 자신의 가점이 궁금하다면 APT2you 앱에서 계산해볼 수 있어요.

그러면 이 통장에 가입한다고 소득공제를 받을 수 있을까요? 그렇지는 않습니다. 소득공제를 받으려면 다음과 같은 몇 가지 요건이 필요합니다.

· 총 급여액 7,000만 원 이하인 근로자

· 해당 연도 중 주택을 소유하지 않은 무주택세대의 세대주

· 공제 금액: 연간 납입액의 40%

· 한도: 연 240만 원

240만 원의 40%니까 96만 원이 되겠네요. 계산해보면 한 달 불입 금액 20만 원까지 소득공제로 인정됩니다. 하지만 연도 중에 중도해지를 하게 되면 중도해지를 하기 전에 납입한 금액은 소득공제가 안 돼요. 중도해지 안 할 수 있을 정도의 돈으로 꾸준히 넣는 것도 중요하겠네요.

누구나 가지고 있는 주택청약종합저축통장. 와~ 이름 한번 길어요. J씨도 드디어 가입했어요. 소득공제 받기 위한 요건에도 부합해요. "앗싸, 개이득!"을 외칩니다. 그런데 이게 웬일인가요. 홈택스에 납입 내역이 뜨질 않아요.

가입만 한다고 소득공제를 받을 수 없습니다. 연말정산 때 주택청약저축 납입액을 공제받으려면 무주택 세대의 세대주인 근로자가 '무주택 확인서'를 다음 연도 2월 말까지 은행에 제출해야만 합니다.

주택청약종합저축 가입 여부

☐ YES ☐ NO

청년우대형 주택청약종합저축 가입 조건에 해당하나요?

☐ 나이: 만 19세~만 34세(군복무 2년 시 만 36세)
☐ 연소득 3,000만 원 이하
☐ 무주택 세대주, 무주택이며 3년 이내 세대주 예정자, 무주택 세대
세대원 중 하나 해당

소득공제 요건에 해당하나요? 해당하는 곳에 체크!

☐ 총 급여액 7,000만 원 이하인 근로자
☐ 무주택인 세대의 세대주

내게 맞는 주택청약종합저축 납입액은?

☐ 0원(일단 가입만. 민영주택 청약 전 몰빵 예치하겠다.)
☐ 2만 원(부담 없이 꾸준히 넣겠다.)
☐ 10만 원(40㎡ 국민주택을 노릴 테다.)
☐ 20만 원(소득공제를 누릴 테다.)
☐ 50만 원(청년우대형 주택종합저축 가입함! 3.3% 금리를 노려본다.)

전세자금대출

결혼을 앞둔 C씨. 집을 사고 싶지만, 문제가 있습니다. 회사가 다른 지역으로 옮긴다는 소문이 있기 때문이죠. 그래서 전세를 택하기로 했습니다.

전세자금대출도 소득공제를 받을 수 있습니다. 누구나 다 되는 건 아니고요, 이 또한 몇 가지 요건이 있습니다.

금융기관에서 차입한 경우
· 과세기간 종료일(12월 31일) 현재 무주택 세대의 세대주인 근로자
· 국민주택 규모 이하의 주택(주거용 오피스텔 포함)
· 대출 금융기관으로부터 차입 시
  - 임대차계약증서의 입주일과 주민등록표등본의 전입일 중 빠른 날로부터 전후 3개월 이내에 차입한 자금일 것
  - 차입금이 대출기관에서 임대인의 계좌로 직접 입금될 것
· 한도: 300만 원(단, 주택 마련 저축에 대한 소득공제액과 합산)
· 공제 금액: 연간 원리금 상환액의 40%

금융기관에서 받은 대출만 가능할까요? 그렇지는 않습니다. 금융기관이 아닌 개인에게 차입한 때도 가능합니다. 금융기관에서 대출을 받기 힘드신 분들이 가능합니다. 금융기관에서 대출을 받지 못해 개인에게 빌린 경우죠. 그리고 금융기관에서 대출이 어려워 개인에

게 돈을 빌린 이 경우가 이자 부담이 더 클 수도 있습니다. 금융기관
에서 차입했을 때보다 요건이 강화됩니다.

개인에게 차입한 경우
· 무주택 세대의 세대주(세대주가 주택 관련 공제를 받지 않았으면 세대원
  도 가능)
· 해당 과세 기간(1월 1일~12월 31일)의 총 급여액이 5,000만 원 이하인
  근로자만 가능
· 국민주택 규모 이하의 주택(주거용 오피스텔 포함)
· 개인으로부터 차입 시
  - 임대차계약증서의 입주일과 주민등록표등본의 전입일 중 빠른 날로부
    터 전후 1개월 이내에 차입한 자금일 것
  - 연 1.8(기획재정부 장관이 정한 이자율)보다 낮은 이자율로 차입한 자금
    이 아닐 것
    참고로 시기별로 최저 이율이 달라진다는 점!

※ 증빙서류
· 주택자금상환증명서
· 주민등록표등본
· 임대차계약서 사본
· 금전소비대차계약서 사본
· 원리금상환 증명서류(계좌이체 영수증, 무통장입금증)

문득 궁금증이 생깁니다. '국민주택 규모 이하의 주택은 뭐지?' 국민주택 규모 이하의 주택은 85㎡ 이하의 주택을 말합니다만, 저만 그런 건가요? 와 닿지 않습니다. 센티미터도 아니고 제곱미터라니요. 도통 감이 오질 않습니다. 이때는 평으로 하면 조금 더 와 닿을지도 몰라요. 환산하면 25.7평 이하! 도시 지역이 아닌 곳은 100㎡ 이하, 30.25평 이하입니다.

'전세자금대출은 전세만 되나요?' 아닙니다. 정식 명칭은 '주택임차차입금 원리금상환액 공제'입니다. 굉장히 낯설고 입에 쫙쫙 붙지를 않아서 우리에게 익숙한 '전세자금대출'로 표현했을 뿐입니다. 전세뿐만 아니라 다른 임차차입금도 당연~ 가능합니다. 월세보증금을 위해 차입한 자금인 반전세도 공제 가능합니다.

Q

돈을 빌린 곳은 어디인가요?

- [ ] 금융기관
- [ ] 개인

금융기관에서 대출받은 경우, 자신에게 해당하는 것을 체크해보세요.

- [ ] 무주택 세대의 세대주
- [ ] 국민주택 규모 이하의 주택(주거용 오피스텔 포함)
- [ ] 3개월 이내에 차입함
- [ ] 대출기관에서 임대인 계좌로 직접 차입금이 입금됨

개인에게 빌렸을 경우, 자신에게 해당하는 것을 체크해보세요.

- [ ] 무주택 세대의 세대주
- [ ] 총 급여액 5,000만 원 이하
- [ ] 국민주택 규모 이하의 주택(주거용 오피스텔 포함)
- [ ] 1개월 이내에 차입함
- [ ] 이자율이 연 1.8% 이상임

* 해당되는 분들은 필요 서류를 생각나는 지금 미리 챙겨놓으세요

주택담보대출

전세살이를 끝내고 드디어 내 집 장만의 꿈을 이뤘습니다! 그런데 집값이 어마어마합니다. 무섭게 오르는 집값을 바라보며 마냥 기다릴 수만은 없었습니다. 그래서 대출을 왕창! 받을 수 있을 만큼 받아서 집을 샀습니다. 그랬더니 내 집이 내 집이 아닌 상황. 반은 은행 꺼. 꼬박꼬박 20년간 이자 낼 생각을 하니 아찔합니다.

이와 같은 경우 은행에 월세를 내고 있다고 봐도 될 것 같은데 소득공제가 안 된다면 속상하지 않을까요. 다행히 속상해하지는 않으셔도 될 것 같습니다. 주택담보대출 소득공제를 받을 수 있으니까요. 정식 명칭은 '장기주택저당차입금 이자상환액 공제'입니다. 눈치 채셨겠지만 요건이 당연히 있습니다. 살펴볼까요.

주택담보대출 요건
· 취득 당시 기준시가 5억 원 이하인 주택을 취득할 때 받는 담보대출
· 무주택 또는 1주택을 보유한 세대의 세대주(예외적으로 세대원)

세대주가 소득공제를 안 받았으면 예외적으로 세대원도 가능합니다. 하지만 세대주와는 다른 점이 있어요. 세대원인 근로자는 실제로 집에서 살아야만 합니다. 이 말은 다시 말해, 세대주의 경우 반드시 살아야만 하는 건 아니라는 뜻이죠. 대출 요건도 잘 챙겨야 합니다.

대출 요건

· 주택소유권 이전등기 또는 보존등기일로부터 3월 이내에 차입함

· 장기주택저당차입금의 채무자가 당해 저당권이 설정된 주택의 소유자일 것

· 공제 금액: 이자 상환액 전액

단, 한도가 독특해요. 이 한도금액은 주택 마련 저축 납입액+전세자금대출 원리금상환 공제까지 포함한 통합 한도입니다. 한도를 알아보기 전에 미리 경고(?)합니다. 우리는 AI가 아닙니다. 외우려 하지 마세요. 이런 건 필요할 때 찾아보면 되는 거예요.

주택자금 소득공제			
구분	공제금액	통합 한도	
주택 마련 저축공제	납입금액×40%	연 300만 원	조건별로 연 300만 원 ~1,800만 원
주택임차차입금 원리금상환액	납입금액×40%		
장기주택저당차입금	이자상환액		

한도에 대한 자세한 설명 들어갑니다.

주택 마련 저축공제는 납입금액의 40%로 한도 240만 원.

주택임차차입금 원리금상환액은 납입금액의 40%로 주택 마련 저축공제, 주택임차차입금 원리금상환액 합해서 한도 300만 원.

장기주택저당차입금은 이자상환액 전액을 공제해주지만 주택 마련 저축공제, 주택임차차입금 원리금상환액, 그리고 장기주택저당차입금까지 합해서 연 300만 원에서 1,800만 원입니다.

금융회사·주택도시기금으로부터 차입한 자금의 이자상환액에 대해 다음의 한도로 공제 가능합니다. 차입금의 상환 기간이 10년 이상, 15년 이상이어야 합니다.

장기주택저당차입금 상환 방식에 따른 공제 한도			
상환 기간 15년 이상			10년 이상
고정금리 AND 비거치식 분할 상환	고정금리 OR 비거치식 분할 상환	기타	고정금리 OR 비거치식 분할 상환
1,800만 원	1,500만 원	500만 원	300만 원

가만 보면 전세자금대출과 주택담보대출의 차이점이 몇 가지 있습니다.

전제자금대출	주택담보대출
원금+이자상환액	이자상환액만
무주택자	무주택자 또는 1주택을 보유한 경우
주거용 오피스텔 O	주거용 오피스텔 X

필요 서류

· 등기부등본 또는 분양계약서

· 주민등록등본

· 장기주택저당차입금액 이자상환 증명서

· 개별(공동)주택가격확인서

1. 무주택 또는 1주택을 보유한 세대의 세대주이다.

　☐ YES → 3번으로
　☐ NO → 2번으로

2. 무주택 또는 1주택을 보유한 세대의 세대원이다.

　☐ 세대원이지만 세대주가 주택 관련 소득공제를 받지 아니한 경우
　☐ 세대원일 경우, 주택의 소유자이고 실제 거주도 하고 있나요?
　　둘 다 O → 3번으로
　　　　X → 소득공제 받을 가능성↓

3. 차입금의 상환 기간이 10년 이상 또는 15년 이상이다?

　☐ YES → 4번으로
　☐ NO → 소득공제 받을 가능성↓

4. 주택소유권이전등기 또는 보존등기일부터 3월 이내에 차입했다.

　☐ YES → 5번으로
　☐ NO → 소득공제 받을 가능성↓

5. 장기주택저당차입금의 채무자와 주택의 소유자가 같다.

　☐ YES → 6번으로
　☐ NO → 소득공제 받을 가능성↓

6. 과세기간 종료일 현재 2주택자이다.

　☐ YES → 소득공제 받을 가능성↓
　☐ NO → 소득공제 받을 가능성↑

월세도 OK!

직장인 L씨는 회사에서 가까운 집을 알아보다가 너무 비싸서 포기했습니다. 그렇다고 직장에서 한 시간 이상 걸리는 곳에 집을 구하자니 집에서 잠만 자는 게 거의 전부인 L씨. 이직 준비를 위해 대부분의 시간을 도서관에서 보내고 있기 때문인데요. 공부할 시간도 부족한데, 하~ 왔다 갔다 두 시간의 시간과 에너지라니. 너무 비효율적으로 느껴집니다.

그러다 좋은 생각이 났습니다. 바로 고시원이죠. 아침식사도 제공되고, 도서관 대신 조용한 고시원에서 공부까지 한다면 금상첨화일 것 같습니다. 드디어 회사에서 지하철로 몇 정거장 떨어진 곳에 깔끔한 시설의 고시원을 발견! 계약하고 보니 근처의 집보다는 고시원이 저렴하긴 합니다만, 1년 합계로 따져보니 고시원비가 만만치는 않은 것 같습니다.

주택자금 소득공제는 반전세도 되고 전세자금대출도 되고 주택담보대출도 됩니다. 심지어 향후 집을 사고 싶다는 의사표시인 주택청약종합저축통장까지 소득공제가 되는데! 월세가 안 된다면 좀 이상하지 않나요? 우후훗~ 월세도 세금 혜택을 받을 수 있습니다. 그리고 고시원도 포함이라는 사실! 다른 것과 마찬가지로 요건과 한도가 정해져 있습니다.

공제 요건

· 무주택 세대의 세대주(세대주가 주택 관련 공제를 받지 않았으면 세대원
  도 가능)

· 총 급여액 7,000만 원 이하인 근로소득자

· 국민주택 규모 이하 또는 기준시가 3억 원 이하 국민 임차(주거용 오피스
  텔, 고시원 포함)

· 공제금액: 월세액의 10% 세액공제(단, 총 급여액이 5,000만 원 이하일
  경우 12% 세액공제)

· 한도: 연간 750만 원

· 임대차계약증서의 주소지와 주민등록표등본의 주소가 같을 것

쉽게 말해서 실제 거주를 해야 한다는 뜻입니다. 전입신고가 필수
입니다. 확정일자까지는 아니고요. 참고로 기본공제 대상자가 계약
한 때도 포함이 된답니다. 월세 세액공제 신청은 서류만 있다면 집주
인 동의 없이 할 수 있습니다.

필요 서류

· 주민등록표등본

· 임대차계약증서 사본

· 월세 지급 증빙 서류(현금영수증, 계좌이체 영수증, 무통장 입금증 등)

월세가 월세액 세액공제뿐만 아니라 현금영수증 소득공제 신청도

가능하다는 걸 알게 된 P씨. 월세액으로 현금영수증 소득공제도 받고, 월세액 세액공제도 받고. 꿩 먹고 알 먹고! 도랑 치고 가재 잡고! 유후~ 둘 다 받는다고 생각하니 콧노래가 절로 나오는 듯합니다.

미안합니다. 콧구멍을 틀어막는 소리를 조금 드리자면, 월세액 세액공제와 현금영수증, 중복으로 공제받을 수 없어요. 둘 중 하나를 택하셔야 합니다.

월세액 세액공제를 받을 수 있는 요건이 되는 H씨는 세액공제에 대해 잘 알지만 신청을 주저하게 됩니다. 지금 주변보다 더 저렴하게 살고 있는데, 월세액 세액공제를 신청하려니 집주인의 눈치가 보이기 때문이죠. 만약 세액공제를 신청하면 집주인이 월세를 올릴지도 모를 일이고요. 이럴 때 대안으로는 경정청구가 꼽힙니다. 경정청구는 5년 이내까지 가능합니다. 이사 후 경정청구를 신청하는 것이죠. 그래서 향후 경정청구를 위해 서류를 잘 챙겨놓는 것이 중요할 것 같습니다. 당시 전입신고 내용은 주민등록초본으로 확인 가능합니다.

챙겨야 할 점
· 임대차계약서 잘 보관하기
· 집주인 계좌로 월세 이체

그런데 한 가지 이상한 점을 발견하셨나요? 지금까지 주택청약종합저축 소득공제, 전세자금대출 소득공제, 주택담보대출 소득공제라고 했는데요. 월세는 왜 월세액 세액공제일까요? 소득공제는 많이 들어봤는데 세액공제는 대체 무엇일까요? 세액공제의 세계로 한번 빠져봅시다.

Q

1. 자신에게 해당하는 곳에 체크해보세요.

☐ 무주택 세대의 세대주
☐ 무주택 세대의 세대원. 단, 세대주가 주택 관련 공제를 받지 않았을 때
☐ 총 급여액 7,000만 원 이하
☐ 국민주택 규모 이하 또는 기준시가 3억 원 이하 주택 임차(주거용 오피스텔, 고시원도 포함)

2. 챙겨야 할 점을 빠뜨린 건 없는지 꼼꼼하게 체크해보세요.

· 계약서에 집주인이 맞는지 확인했나요?

☐ YES   ☐ NO

· 월세를 집주인 계좌로 이체했나요?

☐ YES   ☐ NO

· 전입신고는 했나요?

☐ YES   ☐ NO

연말정산의 꽃

이제부터 세액공제에 대해 알아볼까 합니다. 우선, 제목이 왜 '연말
정산의 꽃'일까요? 연말정산 과정을 다시 보자면, 과세표준에서 기
본세율을 곱한 금액만큼만 실제로 환급받을 수 있습니다.

예를 들어볼게요. 신용카드와 체크카드의 공제금액입니다. 총 급
여액이 4,000만 원인 근로자가 '신용카드'와 '체크카드 등'을 각각
2,000만 원을 썼을 경우 공제받을 수 있는 금액은 25% 초과 금액의
15%, 30%로 '신용카드' 150만 원, '체크카드 등' 300만 원이었습니
다.(121쪽 참조)

그런데 여기서 나온 금액은 다 환급받을 수 있는 금액이 아닙니다.
현실세계를 떠올려보세요. 토해내지 않는 것도 다행인데 200만 원 환
급받아도 '우와 대박이다!' 합니다. (근로소득세 기본세율은 연도별로 차
이가 있습니다.) 그런데 '체크카드 등' 소득공제 300만 원을 그대로 받
는다면 좀 이상하지 않나요? 300만 원에서 기본세율을 곱한 금액만
큼만 대상소득에서 빼주는 거죠.

근로소득세 기본세율	
과세표준	세율
1,200만 원 이하	6%
4,600만 원 이하	15%
8,800만 원 이하	24%
1억 5,000만 원 이하	35%
3억 원 이하	38%
5억 원 이하	40%
5억 원 초과	42%

신용카드 등 초과분의 15%를 곱한 금액만큼 대상소득에서 빼줍니다. 이해를 돕기 위해 계산을 해볼게요. 만약 총 급여액이 4,000만 원이라면 보통은 과세표준 4,600만 원 이하에 해당하여 15% 세율이 적용될 것입니다. 그 기준으로 계산해볼게요.

'신용카드' 공제금액

(신용카드 사용금액-총 급여액의 25%)×신용카드 소득공제율 15%

(2,000만 원-1,000만 원)×15%=150만 원

4,000만 원에 해당하는 기본세율 15% 더 곱해야 실제 대상소득에서 빼주는 절세 금액이 나옵니다.

(신용카드 사용금액-총 급여액의 25%)×신용카드 소득공제율 15%×기본세율 15%

150만 원×15%=225,000원

'체크카드 등' 소득공제 대상 금액

(체크카드 등 사용금액-총 급여액의 25%)×체크카드 소득공제율 30%

(2,000만 원-1,000만 원)×30%=300만 원

마찬가지로 기본공제율 15%를 곱해줘야겠죠.

(체크카드 등 사용금액-총 급여액의 25%)×체크카드 소득공제율 30%×기본세율 15%

(2,000만 원-1,000만 원)×체크카드 소득공제율 30%×기본세율 15%

300만 원×15%=450,000원

총 급여액이 4,000만 원일 경우, '체크카드 등'은 결국 45만 원이 됩니다. 여기서 실제 돌려받는 금액은 주민세 10%가 더해지므로 495,000원 정도가 되겠네요. 즉, '소득공제 대상이 되는 금액'을 구한 뒤, 근로자의 과세표준에 따라 정해진 '소득세율'을 곱해서 나온 금액이 실제 연말에 돌려받는 금액이 됩니다.

소득세율을 곱해본 후 실제 세제혜택을 받을 수 있는 금액을 보면 생각보다 얼마 안 된다는 놀라운 사실을 발견하게 됩니다.

'내가 이러려고 계산기를 그리도 열심히 눌렀었나' 하는 생각이 들지도 몰라요. 하지만 세액공제는 다릅니다. '연말정산 흐름도'를 보면 소득공제 대상 금액은 과세표준에 기본세율을 곱했습니다. 하지만 세액공제는 결정세액에 기본세율을 곱하지 않습니다. 세액공제는 계산된 금액 그대로~ 환급된다는 얘기죠.

"우왕, 세액공제 킹왕짱. 나는 세액공제에 올인!"

이러면 곤란해요. 소득공제, 세액공제는 받을 수 있는 항목이 다르므로 받을 수 있는 건 다 받아야 해요. 단, 과세표준이 높은 경우 세액공제보다 소득공제가 더 유리할 수도 있다는 점.

세액공제 중에서 알아서 해주는 건 패스하고, 우리가 알아야 하는 몇 가지만 콕콕 집어볼 텐데요. 그전에 미리 말씀드립니다. 당신의 시간은 소중하니까요.

· 특별소득공제 건강, 고용보험료 소득공제 주택자금 소득공제 · 특별세액공제 보험료 세액공제 의료비 세액공제 교육비 세액공제 기부금 세액공제 · 월세액 세액공제	표준세액공제 13만 원

"저는요. 건강해서 생전 병원도 안 가고요. 가족도 마찬가지입니다. 아직 미혼이라서 특별소득공제니 특별세액공제니 받을 수 있는 항목이 거의 없는데요."

특별소득공제, 특별세액공제, 월세액을 신청하지 않은 경우는 표준세액공제 13만 원을 받을 수 있습니다. 그리고 특별소득공제, 특별세액공제, 월세액 세액공제가 13만 원보다 적다면 표준세액공제를 신청하는 게 더 유리할 것입니다. 둘 중의 하나만 선택하면 됩니다.

• • •   **Q**

나와 부양가족에게 해당하는 세액공제 항목은 무엇일까요?

☐ 보장성 보험료: 가입한 보험이 많다.

☐ 의료비: 병원에 가는 횟수가 잦다.

☐ 교육비: 학자금대출 원리금상환액 등이 있다.

☐ 기부금: 나누는 것이야말로 진정한 부자.

☐ 연금계좌 세액공제: 연금저축에 가입되어 있다.

☐ 월세액 세액공제: 월세를 내고 있다.

2. 나의 선택은?

☐ ① 특별소득공제, 특별세액공제, 월세액 세액공제 > 표준세액공제
　　→ 특별소득공제, 특별세액공제, 월세액 세액공제

☐ ② 특별소득공제, 특별세액공제, 월세액 세액공제 < 표준세액공제
　　→ 표준세액공제

1. 보장성 보험료

· 기본공제 대상자를 위해 기본공제 대상자를 피보험자로 가입한 경우

· 한도: 100만 원

· 세액공제율: 12%

(단, 보험계약 또는 보험료 납입영수증 등에 '장애인 전용 보험'으로 표시된 장애인 전용 보장성 보험은 15%)

최대 연 100만 원 한도×12%=12만 원 혜택을 받을 수 있습니다. 연 100만 원을 월로 나누면 한 달에 보험료가 9만 원 정도입니다. 여기서 주의할 점은 '보장성 보험'이라는 거죠.

보험은 크게 '보장성 보험'과 '저축성 보험'으로 나눕니다. 나누는 기준은 간단합니다.

만기환급금 > 납입보험료 → 저축성 보험

만기환급금 < 납입보험료 → 보장성 보험

만기에 환급되는 금액이 낸 돈보다 더 많다면 저축성 보험이고요, 만기에 받는 돈이 납입보험료보다 더 적다면 보장성 보험입니다. 여기서 주의할 점이 있습니다. 기본공제 대상이 아닌 부양가족을 위해서 지출한 보험료는 기본공제 대상이 아니므로 세액공제를 받을 수 없어요.

"보험료가 세액공제가 되다니! 빵빵하게 가입해서 위험 보장도 받

고, 절세 효과도 보고. 꿩 먹고 알 먹고~ 근데 자동차보험에 보장성 보험료까지 생각하면 조금 부담되긴 하네요.”

간혹 주변에 그런 분들이 계세요. 혜택이 끌려서 중요한 본질을 잊는 경우요. 가령, 햄버거를 좋아하지는 않는데 장난감 세트를 준다 해서 사는 경우, 커피는 안 마시는데 커피를 사면 주는 컵이 예뻐서 사는 경우 등이죠.

군이 연말정산의 절세 효과 때문에 보험에 가입하지는 않아도 됩니다. 특히 보장성 보험에 자동차보험도 포함되기 때문에 자동차보험만 해도 한도의 반 이상을 채울 수 있습니다.

추가 대상으로는 실손의료비, 상해·질병, 암보험 등이 해당합니다. 임차보증금이 3억 원 이하인 경우, 주택임차보증금 반환 보증보험도 가능합니다.

2. 의료비 세액공제

연말정산 때가 되면 블로그 중 단연 인기 글은 ‘인적공제와 의료비’입니다. 많이 헷갈릴 수 있는 부분입니다. 인적공제는 부모님이 만 60세 이상이고, 연간소득금액이 100만 원 이하여야 기본공제 대상에 해당합니다. 하지만 의료비는 만 60세 미만의 소득이 있는 부모님의 경우라도 부모님을 위해 쓴 돈이면 자녀가 공제받을 수 있습니다. (나이·소득 금액 제한 없으나 생계를 같이하는 부양가족에 해당되어야 함.)

· 근로자가 본인, 배우자 또는 생계를 같이하는 부양가족을 위해 지출한 의

료비

· 최저 사용금액: 총 급여액 3% 초과

· 세액공제율: 15%(난임 시술비 20%)

· 한도

　- 본인, 65세 이상자, 장애인, 건강보험산정 특례 대상자, 난임 시술비 한
도: 없음. 전액 세액공제

　- 그 외 부양가족의 경우 한도: 연 700만 원

의료비 세액공제를 받을 수 있는 항목도 다양해요. 크게 나눠보자
면 다음과 같습니다.

· 의료기관에 지출한 의료비(미용·성형 수술 비용 제외)

· 약제비(건강증진을 위한 의약품 구매 비용 제외)

· 안경·콘택트렌즈(1인당 50만 원 한도)

· 보청기, 장애인 보장구 구입비

· 처방에 따른 의료기기 구입비 등

· 2019년 귀속 연말정산부터 산후조리원 비용(총 급여 7,000만 원 이하
근로자. 출산 1회당 200만 원 한도)

하지만 아쉽게도 안 되는 것도 있어요.

· 보험회사로부터 보험금을 받은 의료비 또는 보험회사에서 받을 보험으

로 낸 의료비는 공제 대상 아님

· 국민건강보험공단으로부터 본인부담상한제에 따라서 보전받는 사후환

급금은 제외

- 출산 전 '고운맘카드'로 지출한 의료비

- 일반 응급환자이송업체 소속 구급차 이용비 제외

- 외국 병원에 낸 의료비 제외

- 진단서 발급비용, 건강기능식품 등은 의료비 세액공제가 안 됨

본인부담상한제라는 단어가 낯설 수 있는데요. 진료비 영수증을 보면, '급여'와 '비급여' 항목으로 나뉘어 있는 것을 볼 수 있습니다. 본인부담상한제는 1년간 건강보험 본인부담금(비급여·선별급여 등 제외)이 개인별 상한액을 초과하는 경우 초과금액은 공단이 부담하는 제도입니다. 국민건강보험공단에서는 비급여 부분은 보상해주지는 않지만, 그래도 이게 어딘가요. 의료비 부담을 덜고 병원에 다닐 수 있어서 마음이 조금 놓입니다.

3. 교육비

학자금 원리금상환도 교육비 세액공제를 받을 수 있다는 걸 알고 있는 A씨는 최근 알게 된 사실에 깜짝 놀랐습니다. 학자금 대출 중 입학금과 수업료 등이 세액공제 대상이었기 때문입니다. A씨는 부랴부랴 세액공제가 안 되는 '생활비 대출'을 갚았습니다.

학자금 원리금상환 대출의 경우, 대학생 본인의 명의로 대출을 받

은 것만 공제됩니다. 학자금 대출을 받을 때 입학금과 수업료가 아닌 생활비(숙식비, 교재구입비, 교통비 등) 대출 상환액은 공제대상에서 제외됩니다.

대상
· 근로자 본인
· 장애인 특수교육비(소득·나이 제한 없음)
· 기본공제 대상자인 배우자·직계비속, 형제자매, 입양자 및 위탁아동(나이 제한 없음)

세액공제율: 지출한 교육비의 15%

이해를 돕기 위해서 교육비 항목과 한도는 표로 정리해봤어요.

대상	한도	항목
근로자 본인	전액	대학원 교육비, 직업능력개발훈련시설 수강료, 시간제 등록 포함 학자금대출 원리금상환에 지출한 교육비(상환 연체로 인한 추가 지급액은 제외)
장애인 특수 교육비	전액	장애인 재활교육을 위해 사회복지시설 등에 낸 비용
취학 전 아동	1명당 연 300만 원	유치원, 보육시설, 학원, 체육시설, 외국 교육기관(유치원) 보육료, 입학금, 보육비용, 그 밖의 공과금 및 학원·체육시설 수강료(1주 1회 이상 비용), 방과 후 수업료(특별활동비·도서구입비 포함, 재료비 제외), 급식비 유치원 종일반 운영비도 포함
초·중·고	1명당 연 300만 원	초·중·고등학교, 학교로 인가받은 국내 외국인학교, 인가된 대안학교, 외국 교육기관 수업료, 입학금, 방과 후 학교 수강료(도서구입비 포함, 재료비 제외), 학교급식법에 의한 급식비, 학교에서 구입한 교과서대, 교복구입비(중고생 1인당 50만 원 이내), 현장학습비용(학생 1인당 30만 원 이내)
대학생	1명당 연 900만 원	대학교, 특수학교(경찰대, 육군, 해군, 공군사관학교, 한국예술종합학교 등) 특별법에 따른 학교, 외국 교육기관 수업료, 입학금 등

유치원에 다니는 딸을 둔 K씨. K씨를 많이 닮아서일까요. 딸은 완전 파이팅 넘칩니다. 높은 곳에서 뛰어내리기는 건 예사고 싱크대를 암벽 등반하듯 오릅니다. 이런 딸의 넘치는 에너지를 풀 수 있도록 태권도장에 등록했습니다. 아이를 위해 무언가 해준 것 같아서 마음이 뿌듯합니다. 하지만 1년간 유치원비만 해도 100만 원이 훌쩍 넘는데 거기다 태권도장비까지, 적지 않은 금액인 것 같습니다. 학원비는 연말정산 대상이 아니라고 들었는데 아쉬움이 남습니다.

아닙니다. 취학 전 아동의 학원비는 공제 대상입니다. 표의 대상을 취학 전 아동과 초·중·고로 나눈 것은 이유가 있습니다. 공제 대상이 다르기 때문인데요. 기본공제 대상자 중 초·중·고, 대학생은 공제 대상 항목에 학원비가 없지만 취학 전 아동은 학원비도 가능합니다. 하지만 장학금 등 소득세, 증여세가 비과세 되는 건 제외입니다. 이외에도 교육비 세액공제에서 제외되는 항목들을 살펴보겠습니다.

> · 교육비 세액공제 대상은 기본공제 대상자인 배우자, 직계비속, 형제자매, 입양자 및 위탁아동입니다.

아쉽게도 직계존속은 교육비 세액공제 대상이 아닙니다. 그러니까 본인을 중심으로 위로 올라가서 부모, 조부모 등이 되겠죠. 단, 장애인 특수교육비는 공제할 수 있습니다.

> · 기본공제 대상자가 아닌 소득이 있는 배우자를 위해 지출한 교육비는 제

외됩니다.

- 본인은 대학원이 가능하지만, 기본공제 대상자는 대학원 대상에서 제외됩니다.
- 국가 등으로부터 인가받지 않은 외국인 학교나 대안학교는 세액공제 대상 아닙니다.

4. 기부금 세액공제

따뜻한 손길을 내미는 분들이 적지 않은 것 같습니다. 특히 어린이 친구들을 대상으로 12월에 진행하는 '착한 소비, 기부'에 관한 이야기를 해보면 사회복지단체 이름을 아는 친구들이 많습니다. 대부분의 아이들이 한 번쯤은 기부를 해보았다고 합니다. 이 말은 기부금 세액공제를 받을 수 있는 분들이 그만큼 적지 않다는 이야기이기도 합니다.

'진정한 부자는 나누는 사랑을 실천할 수 있는 것! 기부는 사랑입니다'라고 생각하는 P씨. 종교단체나 지정기부금 단체에도 기부했어요. 그런데 주민등록번호를 등록하지 않아서일까요. 국세청 간소화 대상에서 조회가 안 됩니다. 대략 난감한 상황.

주민등록번호를 제출하지 않아 국세청 간소화 대상에서 조회되지 않는다면 기부금 영수증을 발급받아서 회사에 제출하면 됩니다.

· 기본공제 대상자(나이 제한 X, 소득 제한 O)

세액공제율은 다음과 같습니다.

세액공제 항목		세액공제율
정치자금기부금	10만 원 이하	100/110
	10만 원 초과	3,000만 원 이하: 15% 3,000만 원 초과: 25%
법정기부금		1,000만 원 이하: 15% 1,000만 원 초과: 30%
우리사주조합기부금		
지정기부금		

참고로 정치자금기부금 및 우리사주조합기부금은 근로자 본인이 기부한 경우만 가능합니다.

대부분 연말정산 간소화에 자동조회가 되긴 하지만 위 사례처럼 조회되지 않는 일도 있습니다. 그럴 때는 직접 자료를 챙겨놔야 하죠. 기부금뿐만 아니라 직접 챙겨야 할 공제 자료를 정리해봤어요.

직접 챙겨야 할 공제
· 교육비 세액공제: 초·중·고 학생의 방과 후 수업료, 교복(체육복) 구매비, 미취학 아동 학원비

· 의료비 세액공제: 시력보정용 안경, 콘택트렌즈 구입영수증(사용자 성명 및 시력교정용임을 안경사가 확인), 한약(치료용) 구입비, 재활이나 경로우대를 위한 지출비. 예를 들어 휠체어, 지팡이, 보청기 등(사용자의 성명 확인)

· 월세 세액공제: 주민등록등본, 임대차계약서 사본, 월세 계좌이체 영수증(집주인 동의가 없이도 가능)

· 기부금: 종교단체, 자선단체, 정치자금기부 영수증, 특별재난지역복구 자원봉사용역 등에 대한 기부금 확인서(지방자치단체장·지방자치단체장의 위임을 받는 단체의 장·자원봉사센터장이 발행)

혹시 콘택트렌즈를 끼시는 분이라면 언제 어디서 그 콘택트렌즈를 샀는지 정확히 기억하시나요? 사실 어제 일도 가물가물한데 그런 걸 기억하고 있기란 쉽지 않습니다. 그래서 위에 적힌 자료는 그때그때 바로 영수증을 챙겨놓은 것이 좋습니다.

맞벌이 연말정산 전략

맞벌이 부부에 해당하는 내용은 따로 분류해봤어요. 싱글이라면? 미리 준비해놓는 것도 좋습니다. 사람 일은 모르잖아요. 내일 운명의 짝을 만나게 될지도요. 우선 맞벌이 연말정산 전략에 앞서 세금폭탄을 맞지 않는 기본사항 두 가지!

1. 맞벌이 부부는 배우자 공제 안 됨
2. 부양가족은 둘 중 한쪽에서만 공제받기

기본공제 대상인 배우자의 경우 나이 요건은 없지만 소득 요건은 있습니다. 연간소득금액이 100만 원 이상이거나, 근로소득만 있는 경우 총 급여액이 500만 원 이상이면 서로에 대해 기본공제가 안 됩니다.

부부는 일심동체. 본인의 부모님도 배우자의 부모님도 모두 부양가족으로 올릴 수 있습니다. 하지만 본인과 배우자가 동시에 부양가족으로 올릴 수는 없어요. 자녀 역시 마찬가지로 본인 혹은 배우자 중 한 명만 올릴 수 있어요. 부양가족을 중복으로 등록하면 가산세를 낼 수도 있으니 주의하세요.

자, 그럼 맞벌이 연말정산 전략! 본격적으로 시작합니다.

"맞벌이 부부 연말정산 전략? 뭐 그까이꺼 대충~ 소득 많은 쪽으로 몰아주면 그만 아닌가요?"

인적공제는 남편과 아내의 연봉 차이가 크다면 소득이 높은 사람에게 몰아주는 것이 좋습니다. 소득세율은 누진세로 소득이 높은 배우자일수록 세금도 더 돌려받을 수 있습니다. 하지만 소득이 높은 쪽으로 무조건 몰아버리면 신용카드 공제 등 한도가 초과하여 받지 못하는 금액이 생길 수도 있습니다. 또한 소득이 낮은 쪽에 유리한 항목도 있습니다.

'부부의 소득이 비슷하다면?' 기본공제 부양가족을 적절하게 배분하는 것이 좋습니다. 요즘은 각자 돈 관리를 하는 경우가 많습니다. 맞아요. 같이 관리하면 심적으로 매우 번거롭습니다. 이해합니다.

그러나 돈 관리를 각자 알아서 하는 것보다 같이 관리하면 혜택을 늘리는 길이 많아집니다. 대표적으로 연말정산. 신용카드 등 공제 등을 생각하여 돈 관리에 대해서 같이 의논하고 누구 명의의 카드를 어떻게 쓸 것인지에 대해 이야기해보는 것도 필요할 것 같습니다.

다른 이야기이긴 합니다만, 강의 때 많이 나오는 질문이 '부부 중 누가 돈 관리를 하는 게 좋을까요?'인데요. 두 분 중에 돈 관리를 더 잘하는 분, 꼼꼼한 분이 하면 될 것 같습니다.

그렇다면 소득이 낮은 쪽에 유리한 항목은 무엇이 있을까요? 크게 세 가지입니다.

① 의료비
② 신용카드
③ 연금저축

① 의료비

의료비는 최저 사용금액이 있으므로 소득이 적은 배우자가 받는 것이 유리할 수 있습니다. 의료비 세액공제 대상은 총 급여액의 3%를 초과해야 받을 수 있기 때문이죠. 본인 A씨는 총 급여액 7,000만 원, 배우자 B씨는 총 급여액 5,000만 원입니다. 의료비는 200만 원이라고 가정해보겠습니다.

> 본인 A씨: 7,000만 원×3%=210만 원
>
> 배우자 B씨: 5,000만 원×3%=150만 원

A씨의 경우 총 급여액인 3%인 210만 원을 초과해야 하므로 의료비 공제를 받을 수 없습니다. 반면 B씨의 경우 150만 원을 초과하는 금액인 50만 원이 소득공제 가능합니다. 이때 중요한 건 기본공제 받을 쪽이 지출한 것만 공제할 수 있다는 것입니다. 그래서 근로자 본인과 기본공제 혜택을 받는 부양가족에 대해 지출한 비용은 본인의 카드로 결제해야 합니다. 예를 들어, 남편이 자녀를 부양가족으로 등록했다면 그 자녀의 의료비 역시 남편 카드로 써야 하는 거죠.

기본공제 대상자에 한해서 다른 항목들이 줄줄이 비엔나처럼 따라옵니다. 자녀 세액공제, 보험료, 의료비, 기부금, 신용카드 사용액, 교육비까지!

그래서 '자녀에 대한 기본공제는 남편이 받고, 자녀의 의료비는 아내가 받고' 이게 안 됩니다. 자녀의 의료비를 아내가 받으려면 아이를 아내의 부양가족으로 올려야 하죠.

② 신용카드

· 연봉이 낮은 사람 명의 카드 쓰기
· 소득이 높은 사람 명의 카드 쓰기

신용카드 최저 사용금액(25%)이 있으므로 연봉이 적은 사람 명의의 카드를 먼저 쓰는 것이 유리할 수 있습니다. 단, 연봉 차이가 많이 난다면 소득이 높은 배우자 카드를 집중적으로 쓰는 것이 이득입니다. "방금 연봉이 적은 사람의 카드 먼저 쓰라 해놓고 무슨 말이냐" 할 수도 있어요. 하지만 소득세율 적용구간이 다르며 연봉별 부과되는 세율이 각기 다르므로 연봉 차이가 매우 크다면 소득이 높은 쪽으로!

③ 연금저축

총 급여액이 5,500만 원 초과 세액공제율이 12%이지만, 총 급여액 5,500만 원 이하의 경우는 15%입니다. 그래서 5,500만 원 이하인 쪽으로 연금저축 세액공제를 받는 것이 유리할 것 같습니다.

Ⓠ 저희는 맞벌이 부부입니다. 계약자는 저로, 피보험자는 배우자로 보험에 가입했는데 보험료 세액공제를 받을 수 있을까요?

Ⓐ 보험료 소득공제의 경우, 기본공제 대상자를 위해서 지출하였을

때 공제가 가능합니다. 기본공제 대상자는 소득과 나이의 제한이 있고요. 그래서 배우자가 연간소득 합계액이 100만 원을 초과한다면 기본공제 대상자에 해당하지 않으므로 보험료 세액공제는 어렵습니다. 단, 계약자가 본인이고 피보험자가 부부공동인 보장성 보험은 보험료 세액공제가 가능합니다. 가장 확실한 건 계약자도 본인, 피보험자도 본인인 경우죠.

Q 맞벌이인 배우자를 피보험자로 보험 가입하면 보험료 세액공제가 어렵군요. 그러면 소득이 있는 배우자를 위해 본인이 지출한 의료비 역시 세액공제를 받을 수 없나요?

A 의료비의 경우, 배우자 또는 생계를 같이하는 부양가족을 위해 지출한 의료비가 소득공제 대상입니다. 그리고 배우자, 부양가족의 경우 소득과 나이에 제한이 없습니다. 그래서 소득이 있는 배우자를 위해서 의료비를 지출한 경우 이를 지출한 근로자가 공제받을 수 있습니다.

Q 다음해에 태어날 아기를 위해 태아보험에 가입했습니다. 보험료 세액공제를 받을 수 있을까요?

A 먼저 임신 축하드립니다. 기본공제 대상자에 출생 전인 태아는 해당하지 않아요. 그래서 보험료 세액공제는 불가능하고요. 아기가 태어나면 출산에 따른 세액공제를 받을 수 있습니다. 출산·입양의 경우에 첫째는 30만 원, 둘째는 50만 원, 셋째는 70만

원으로 아기가 출산한 해에 출산·입양 세액공제가 가능합니다.
다시 말씀드리지만, 자녀를 중복해서 배우자와 본인 둘 다 인적
공제 받으면 안 돼요. 둘 중 한 명이 받아야 합니다.
참고로 기본공제 대상 자녀(입양자 및 위탁아동 포함) 세액공제는
자녀 수에 따릅니다.

1명=15만 원

2명=30만 원

3명 이상=30만 원+2명 초과 1명당 30만 원

즉, 3명일 경우 60만 원/4명은 90만 원/5명은 120만 원입니다.
소득공제를 받을 수 있는 항목인 인적공제로 가능합니다. 단, 7
세 미만의 취학아동은 자녀 세액공제를 받을 수 없습니다. 아동
수당과 중복 적용을 배제하기 위해서죠. 자녀 세액공제는 자녀
가 대상이므로 손자, 손녀는 공제가 안 됩니다.

"이대로 따라했는데 오히려 더 손해봤어요" 하는 분이 계실 수 있
습니다. 다른 사람에겐 맞지만 본인에게는 맞지 않을 수 있어요. 번
거롭더라도 홈택스에서 모의계산을 해보기를 추천합니다.

국세청 홈택스→조회 발급→편리한 연말정산→맞벌이 근로자 절세 안내

세법 공부는 좀 번거롭습니다. 해마다 "바뀐 세법 개정안" 하면서 변경되는 부분이 많기 때문입니다. 즉, 매년 개정됩니다. 그래서 매해 바뀌는 점을 확인하고 자신에게 맞는 답을 찾아가야 합니다.

맞벌이 부부 연말정산

	남편	아내
총 급여액		
의료비 최저 사용금액 총 급여액의 3%		
신용카드 최저 사용금액 총 급여액의 25%		

● ● ● 연금계좌 세액공제 (중복 선택 가능)

총 급여액 5,500만 원 초과인 사람은?
☐ 근로자 본인　　☐ 배우자

총 급여액 5,500만 원 이하인 사람은?
☐ 근로자 본인　　☐ 배우자

연금계좌 세액공제는 누구 앞으로?
☐ 근로자 본인　　☐ 배우자

주택담보대출 소득공제

부부간 주택담보대출의 유형 세 가지가 있습니다.

'오빠, 믿지'형.

"난 널 위해 모든 걸 할 수 있어. 내 모든 걸 다 줄 거야. 집도 네 명의, 차도 네 명의. 대출은 내 명의로 받을게. 오빠, 믿지?"

이 손발이 오그라지다 못해 퍼지지 않을 멘트들이 사실은 연말정산 소득공제를 받을 수 없는 대표적인 경우입니다.

'나만 살자'형.

그러면 반대로 이 경우는 어떨까요?

"집은 내 명의로, 대출은 당신 명의로."

이런 말 하면 저 같으면 결혼 안 할 것 같은데…….

하여튼 이 또한 소득공제 대상이 아닙니다.

'평등주의'형.

"최근 트렌드는 공동명의입니다. 그래서 저희는 공동명의로 집을 샀어요. 그리고 당연히 대출도 공동명의로 했죠."

기억나시나요? 주택담보대출. 즉, 장기주택저당차입금 이자상환액 공제의 요건은 "5억 원 이하의 무주택 세대주"입니다. 예외적으로 세대원은 세대주가 주택 관련 공제를 받지 않은 경우에만 가능하죠. 즉 차입금 명의가 공동명의일 경우, 세대주인 한쪽만 차입금비율만큼 소득공제를 받고 다른 한쪽은 받을 수 없습니다. 공동명의로 주택 취득 후 공동명의로 차입했기 때문에 근로자 채무부담 부분에 해당하는 이자상환액을 공제받습니다. 쉽게 말해, 자신이 낸 이자만큼만 공제받는다고 보면 됩니다. 차입금 비율 약정이 없다면 채무분담비율은 반띵, 반은 날아간다고 보시면 되겠네요.

정리해보겠습니다.

주택 명의	차입금 명의	공제 여부
본인	본인	당연히 O
본인	배우자	X
배우자	본인	
본인	공동명의	차입금의 비율만큼 소득공제 O (별도 약정이 없는 경우 공동차입자 간 채무 분담 비율이 균등한 것으로 봄)
공동명의	공동명의	
공동명의	본인	본인이 전액 공제 O

주택은 공동명의로 하더라도 소득공제를 위해서 차입금의 명의는 소득공제를 받을 근로자 명의로 하는 것을 추천합니다. 즉, 대출은 한쪽으로 몰빵입니다.

참고로 배우자가 보유한 주택을 포함하여 근로자가 과세기간 종료일(12월 31일) 현재 2주택 이상을 보유하는 경우 소득공제를 못 받아요. 잠깐 2주택이었다가 종료일 현재 1주택이면 받을 수 있고요.

주택담보대출

1. 주택 명의는 누구로 되어 있나요?
   - [ ] 근로자인 본인
   - [ ] 배우자
   - [ ] 공동명의

2. 차입금 명의는 누구로 되어 있나요?
   - [ ] 근로자인 본인
   - [ ] 배우자
   - [ ] 공동명의

3. 주택은 본인 또는 공동명의. 차주는 근로자 본인인가요?
   - [ ] YES
   - [ ] NO

연말정산 FAQ

Ⓠ 1가구 2주택인 경우도 장기주택저당차입금 이자상환액 소득공제가 가능할까요?

Ⓐ 가능은 해요. 단 일시적일 때만요. 새집을 사고 난 뒤 기존 집을 파는 경우 등. 이사를 하기 전 잠깐 2주택일 때도 있잖아요. 그래도 12월 31일에는 반드시 1주택이어야만 소득공제를 받을 수 있어요. 즉 세대 구성원이 보유한 주택을 포함하여 근로자가 과세기간 종료일(12월 31일)에 2주택 이상 보유하면 소득공제가 어렵다는 뜻입니다.

Ⓠ 집을 사려는데 집 파는 사람이 받아놓은 대출을 승계하려고 해요. 이 경우에도 소득공제를 받을 수 있을까요?

Ⓐ 가능합니다. 장기주택저당차입으로 보는 몇 가지 경우가 있어요. 주택을 파는 사람이 소득공제 대상이 되는 장기주택저당차입금을 주택을 사는 사람이 인수한 경우. 즉, 주택을 취득함으로써 승계 받는 장기주택저당차입금도 포함합니다.

Ⓠ 보험을 넣다가 보험료가 너무 부담돼서 해약했어요. 돌려받은 돈이 거의 없어서 속상해요. 냈던 보장성 보험료에 대해서도 혜택이 전혀 없을까요?

Ⓐ 연금저축의 경우는 55세 이전 중도 해지할 경우 납입기간 동안

공제받은 금액을 토해낼 수 있습니다. 하지만 보장성 보험을 해약하더라도 다행히 해당 연도에 낸 보험료는 세액공제를 받을 수 있습니다.

Q 교육비 세액공제에 기본공제 대상자가 유학생입니다. 해외 교육비도 공제 대상이 될까요?

A 기본공제 대상자가 유학생일 경우, 요건을 충족한 경우에 국외 교육기관에 지출한 해외 교육비도 입학금, 수업료 등이 공제 대상입니다. 즉, 해외 교육비도 공제 가능합니다. 해외로 송금한 날의 대고객 외국환매도율에 의해 환산하고, 국외에서 직접 낸 경우 납부일의 기준환율 또는 재정환율을 원화로 환산하여 회사에 증명서류를 제출해야 합니다.

Q 특별재난지역으로 자원봉사를 다녀왔어요. 기부금 세액공제는 기부금을 냈을 때만 받을 수 있는 건가요?

A 돈뿐만 아니라 자원봉사도 받을 수 있어요. 특별재해발생 시부터 복구완료 시까지의 자원봉사인데요. 특별재해(재난)지역 자원봉사용역 등에 대한 기부금 확인서에 의해 법정기부금으로 공제가 가능하답니다.

자원봉사 8시간을 1일로 환산하여, 봉사일 수 1일당 5만 원을 법정기부금으로 봅니다. 계산해볼까요. 하루에 15시간씩 봉사를 했다면 계산은 자원봉사시간 15시간=2일(기부금액 10만 원). 1일

미만은 1일로 보고 산정합니다. 만일 봉사를 위해 유류비·재료비 등의 직접비용이 발생했다면 그 비용도 기부금에 포함됩니다. 단, 공무원이 근무시간 중에 특별재난지역의 복구를 위해 봉사한 경우는 기부금에 해당하지 않습니다.

Ⓠ 왜 이제야 전 이 책을 읽었을까요. 읽다 보니 받을 수 있는 거였는데 받지 못한 항목들이 많은 것 같아요ㅠㅠ

Ⓐ 걱정 마세요. 빠진 내용은 5년이 지나지 않았다면 경정청구를 통해 돌려받을 수 있으니까요.

이상 연말정산 내용은 이해를 돕기 위한 참고자료이므로 더 궁금한 점이 있다면 국세청 고객센터 (국번없이) 126으로 전화해주세요. 연말정산 세법에 관해 자세한 상담을 받을 수 있답니다.

[부동산]
내 집 마련

결혼은 처음이라

일어날 수 없는 일입니다만, 상상에 빠집니다. 회사일을 마치고 집으로 돌아가려는데 멀리서 남자친구가 걸어옵니다. 그 남자친구 누구일까요? 박보검? 아니면 공우? 둘 중 한 명만 골라야 한다는데 어떡하죠? 세기의 선택이 아닐 수 없습니다.

가상의 시나리오는 계속 이어집니다. 월요일, 출근하기 너무 싫은 날 아침. 도살장에 끌려가는 소처럼 집을 나서려는데 '카톡'. "오늘도 파이팅!"이라고 적혀 있습니다. 누가 보냈을까요? 공우? 박보검? 꺄~ 상상만으로도 매우 황홀해지는 고민이에요. 하지만 저는 이런 고민이 달콤하지만은 않습니다. 왠지 모를 죄책감이 느껴집니다. 공우와 박보검 사이로 불쑥불쑥 떠오르는 한 남자가 있어요. 바로 남편.

한창 혼자 다니기를 즐기던 시절, 친구가 소개팅을 해보라고 권했어요. 제가 소개팅에 나가봤자 어떻게든 웃기려고만 하려는 게 머릿속에 그려졌어요. 주선해준 친구에게 여러모로 미안했습니다. 하지만 절친한 친구가 "그러지 말고 한번 나가봐" 하고 권하기에 청바지 차림에 야상을 걸치고 소개팅 자리에 나갔어요. 처음 만난 자리에서 그는 제게 뜬금포 고백을 합니다.

"저는요, 지금까지 소개팅을 다섯 번 했는데요. 첫 번째 여자는……, 두 번째 여자는……, 그리고 다섯 번째 여자는……. 그래서 저는 모태솔로에요."

"(안물안궁) 네……."

별로였어요. 아니, 이상했어요. 저런 이야기를 저렇게 맑고 티 없이 이야기할 수 있다니. 그런데 이상하게 그 모습이 어딘지 모르게 순수해 보였습니다. 그런 그에게 한 가지 특이한 점이 있었습니다. 차가 없대요. 평소 회사버스를 타고 다니거나 시내버스를 이용한다고 해요. 중소도시는 대도시처럼 교통이 좋은 편이 아닙니다. 지하철도 없고, 버스정류장이 드문드문 있는 편입니다. 버스 한번 타려면 적게는 10분에서 많게는 30분. 목적지까지 가는 버스가 없으면 두 번에 걸친 환승까지. 불편함이 이만저만이 아닙니다. 기다리는 시간 비용까지 생각한다면 돈이 좀 들더라도 차를 선택하는 경우가 많죠. 더구나 출장이 잦은 직업이라면 입사와 동시에 차부터 사는 경우가 많습니다. 그런데 차가 없다니! 그 점이 매우 호감이 갔습니다. 그래서 몇 번을 더 만나보았어요. 그는 차가 없었기 때문에 우리의 데이트 과정은 보통 이러했습니다.

① IC 근처로 나오라고 하기
② 그가 조수석에 앉음
③ 얌전하게 두 손을 무릎에 올린 그가 내게 물음. "오늘은 어디로 가나요?"
④ 한 손은 운전대에, 한쪽 팔은 팔걸이에 올린 내가 터프하게 대답. "오늘은 경주!"

어느 날입니다. 관광지 근처 식당에서 밥을 사 먹으면 비쌀 것 같아서 가는 도중에 대형마트에 들러 과자와 음료수를 사고 결제를 하려는 찰나, 시간이 멈춘 것만 같았습니다. 그가 지갑에서 무언가를 꺼내는 것이 아니겠어요? 바로 할.인.쿠.폰! 쿠폰을 꺼내는 그의 모습 뒤로 광명이 비치며 노래가 흘러나오는 듯했어요. '별빛이 내린다. 샤랄랄랄라라~'

그렇게 그는 제 마음속에 별빛처럼 걸어 들어왔습니다. 그리고 저는 그랑 결혼하기로 결심했죠.

그에 반해 남편이 저랑 결혼한 이유는 간단합니다. "재밌어서."

결혼하기로 하고 준비를 하려고 보니 와, 장난 아니에요. 아마 결혼 준비를 해야 하는 상황에 놓인 분들이라면 같은 생각을 하셨을 거예요. '이 많은 걸 준비하는 게 가능할까?'

예! 가능합니다. 축하합니다! 1부에서 나왔던 내용을 한 번에 실행

해볼 기회가 당신에게 주어졌습니다! 짝짝짝! 웨딩플래너를 끼고 할지 아닐지부터 선택과 결정의 연속입니다. 단기간에 가장 많은 돈을 쓰는 때, 오죽하면 결혼을 "만 원을 천 원처럼 쓰는 때"라고 할까요.

결혼 준비 때 작성해놓은 노트가 있습니다. 노트 각 한 권씩 총 두 권을 준비하여 하나는 예랑이에게, 한 권은 제가 가지고 작성하면서 결혼을 준비했어요. 그런데 한 친구가 결혼하면서 노트를 부탁하기에 줬습니다. 그래서 없어요. 다행입니다. 그 노트가 있었다면 아마 이 책은 '인생과 돈'이 아닌 '결혼식과 돈'이 주제가 되어버렸을 거예요. 결혼 준비, 핵심만 살펴보겠습니다.

결혼 준비 과정

모은 돈 확인하기

자산 상태를 표로 만들어 확인하면 수월해요. 지금 가지고 있는 돈이 얼마인지 다 확인해봐야 해요. 예적금은 물론이거니와 펀드, CMA 등 있는 돈 없는 돈 깡그리 다 계산해봅시다. 장롱 속 겨울코트 주머니 속 돈까지도 찾아봐야 할 정도로 당신의 돈을 탈탈 털어서 낱낱이 조사해야 하는데요. 계좌정보통합관리서비스(www.payinfo.or.kr)의 "내 계좌한눈에"를 통해서 간단하게 숨은 돈을 찾을 수도 있다는 점! 밑줄 쫙~

필요 리스트 만들기

결혼할 때 준비해야 할 것들이 하나하나 따져보면 어마어마합니다. 큰 분류로 보자면 다음과 같습니다.

결혼식장/신혼집/신혼여행/스드메(스튜디오, 드레스, 메이크업)/예물과 예단/한복과 정장/혼수(가전, 가구)/폐백과 이바지/집 인테리어

세부적으로 들어가면, 가전만 보더라도 텔레비전, 냉장고, 세탁기 등 나열하기가 벅찰 정도죠. 머릿속에 그때그때 생각하여 산다면 불가능에 가깝습니다. 인터넷 등을 활용하여 리스트를 작성해서 필요한 것이 무엇인지 미리 체크해봐야 하죠. 웨딩플래너가 있다면 리스

트에 대해서 자세히 안내해줄 수도 있어요. 하지만 선택은 자신이 해야 하는 거죠. 왜냐? '나'의 결혼식이니까요.

우선순위 파악하기

어디에 돈을 더 쓰고 덜 쓸 것인지 우선순위를 정하고, 포기할 건 포기해도 괜찮습니다. 사람마다 추구하는 가치관은 달라요. 그리고 우선순위 역시 다릅니다.

"하객들이 가득한 성대한 결혼식장에서 결혼하고 싶어요. 인생에 한 번뿐인 결혼식이잖아요."

"그날의 주인공은 저였으면 좋겠어요. 세상에서 가장 아름다운 신부가 되고 싶어요. 좀 비싸더라도 예쁜 드레스를 입을 거예요."

"결혼식은 30분이지만, 결혼생활은 30년이 넘어요. 저는 결혼식보다는 결혼식이 끝난 후 살 집인 신혼집에 더 많은 돈을 들일 거예요."

"우리 이모가 결혼할 때 금값이 얼마였는지 아세요? 4만 원이었어요. 그런데 지금은 금 한 돈에 20만 원, 무려 다섯 배가 올랐어요! 저는 남는 건 예물뿐인 것 같아요. 그래서 예물은 24K 금으로 빵빵하게 준비하려고요."

"제가 입고 쓰는 건 어차피 제가 쓸 거니까 허름해도 상관없어요. 하지만 주변에 먼저 결혼한 언니들 얘기 들어보니까 예단은 좋은 걸 준비하는 게 뒷말 안 나오고 좋은 것 같더라고요. 그래서 예단은 좀 좋은 거 사려고요."

"결혼하면 텔레비전 보면서 맥주 한 캔씩 뜯는 게 신혼 묘미 아닌가요? 그래서 65인치로! 좋은 가전제품으로 준비하고 싶어요."

"예물은 필요 없어요. 하지만 신혼여행은 이왕 가는 거 제대로 가자 싶어요. 신혼여행은 지금이 아니면 온전히 즐길 수 없는 거잖아요."

"신혼집의 로망은 화이트죠. 잡지에서 금방이라도 튀어나올 것 같은 그런 집~ 거기다가 귀엽고 아기자기한 소품으로 꾸며져 있다면? 생각만으로도 행복해요. 저는 인테리어에 좀 더 돈을 쓸 거예요."

"웨딩사진, 살면서 몇 번이나 보겠어요. 전 스튜디오는 아예 안 하려고요."

항목별로 우선순위를 정했다면 세부적으로 들어가서 우선순위를 정해봐야 해요.

"결혼식장 위치가 중요해요. 주변에 지하철역이 있으면 직장동료들이 오기가 더 편할 것 같아요."

"저희 친척들 대부분 지방에 거주하세요. 그래서 결혼식 때는 자가용을 타고 오실 텐데, 결혼식장 주차장이 중요할 것 같네요."

"뭐니뭐니 해도 가격이 중요하지 않겠어요? 식대가 너무 비싸면 곤란해요."

예식장을 선택하는 기준도 사람마다 다를 것입니다. 자신의 환경을 고려하여 우선순위를 정한다면 결정장애에서 벗어나 좀 더 내게 맞는 합리적인 선택을 할 수 있을 거예요.

정보 모으기

정보를 찾아보면 알겠지만, 정보인지 광고인지 분간이 안 될 정도로 어마어마합니다. 이때 손품, 발품 다 필요할 수도 있어요. 먼저 인터넷을 통해서 대략적인 정보를 파악하고요. 직접 웨딩박람회에 가본다든지 아니면 웨딩홀 주변을 다니면서 업체를 방문해서 가격 등을 물어보는 것도 좋은 방법입니다. 하지만 정보를 모으는 것에도 순서가 있어요.

먼저 결혼식장에서 원하는 날짜에 예약해야 합니다. 결혼 준비를 해본 분은 아시겠지만, 원하는 날짜를 잡기가 쉽지 않아요. '결혼하는 사람이 없다', '1인 가구가 늘어난다', 매스컴에서는 엄청나게 얘기하지만 진짜가 맞나 의심이 들 정도예요. 일찍 집을 알아보는 것도 중요해요. 급하게 집을 알아보면 마음에 드는 집을 찾기가 쉽지 않습니다. 결혼 준비 시작할 때 미리미리 중개업소를 다니면서 집을 알아보는 게 중요해요. 집에 관해서는 뒷부분에서 자세히 다룰 예정입니다. 신혼여행도 급하게 일정을 잡는다면 그만큼 비싸게 갔다 올 가능성이 커진다는 점. 미리 차근차근 준비해놓는 것이 '돈'에 있어선 도움이 될 것 같아요.

정보를 모을 때는 항목들을 적어두는 것이 나중에 비교를 위해서 도움이 될 거예요. 가령 웨딩홀만 보더라도 날짜, 예상 하객 수, 예식

시간대, 주차장, 웨딩홀 내부 등 항목들을 나눠서 써넣으면 좋겠죠.

어디에 얼마를 쓸지 계획하기

완벽하게 아름다운 예식장에 고가의 드레스, 예물로는 다이아몬드 반지와 명품 시계, 직장에 근접한 새 아파트, 결혼과 동시에 뽑은 수입차. 이 모든 걸 할 수 있다면 좋겠지만, 그렇다면 '경제학'이 있을 이유가 없겠죠. 무엇을 선택하고, 무엇을 포기할지, 어디에 얼마를 쓸지 미리 구체적으로 계획해야 합니다. 결혼식 후 신혼집 대출금 상환에 더 우선순위를 둔다면 집에 모은 돈의 70% 이상을 투자하는 대신 그 외 예물은 간소하게 결혼반지만 한다든지 등으로 선택할 수도 있고요. 반대로 좀 비싸더라도 고가의 드레스와 예식장을 선택한다면 그만큼 다른 곳에 쓸 돈은 줄여야겠죠. 어디에 얼마만큼 써야 자신의 만족도가 가장 높을지 최상의 조합을 생각해보세요.

우선순위를 생각해보세요. 그리고 현재 가지고 있는 돈을 생각하며 항목별 예상 지출액을 작성해보세요.

순위	항목	예상 지출액
	결혼식장	
	스드메	
	신혼집	
	예물	
	예단	
	혼수(가전, 가구)	
	인테리어 비용	

전세 계약의 첫걸음

결혼을 앞둔 P씨. 지금까지 청약통장에 매달 10만 원씩 꼬박꼬박 넣어왔습니다. 결혼을 앞두고 집을 알아보는데 새집은 웃돈이 붙어 너무 비싸고, 그렇다고 오래된 집을 사는 건 아닌 것 같아요. 나중에 청약통장을 활용해서 새 아파트에 들어갈 꿈을 가지고 신혼집은 전세로 시작하기로 했습니다.

직장인이 된 K씨. 회사에서 지원해주는 기숙사에서 지낼까 생각하다가 접었습니다. 대학교에 다니는 내내 기숙사 생활을 했는데, 직장인이 되어서까지 기숙사에 살고 싶지는 않았기 때문이죠. 그래서 선택한 자취. 신축 건물에 최첨단 보안장비까지 갖춰진 20평대의 아파트에 살고 싶었지만 비쌌어요. 그래서 원룸을 알아보고 있습니다. 자취한다는 데 의의를 두고요. 월세로 살자니 매달 나가는 목돈이 아깝고, 그래서 경제적으로 더 나은 전세를 살기로 했습니다.

서울에서 나고 자란 J씨는 너무 어려운 취업난 때문에 지방의 지점으로 지원하였습니다. 다행히 취업에 성공하기는 했지만 언젠가는 서울로 다시 돌아가리라는 목표가 있습니다. 낯설고 물선 지방에 오래 지내고 싶지는 않아요. 그러니 이곳에서 집을 살 필요까지도 없고요. 그래서 J씨는 전세를 선택했습니다.

KB부동산 리브온이 KB국민은행에서 주택구입자금 및 전세자금 대출을 받은 27~35세 신혼부부 5만 3,978건을 분석한 결과에 따르면 전국의 신혼부부 중 84.9%가 전세로 신혼집을 구하는 것으로 집계되었습니다. 특히 서울의 경우 신혼부부의 전셋집 비중이 92.3%로 가장 높았습니다. 그뿐만 아니라 위의 사례처럼 다양한 사정으로 전세를 택하는 사람이 많습니다. 이들에게는 공통적인 고민 하나가 있습니다. 바로 '전세금이 적지 않은데 혹시나 떼이면 어떡하죠?'인데요. 걱정 마세요. 전세금을 지키는 여러 안전장치가 있습니다.

전세 계약에서 가장 중요한 것은 바로 전입신고와 확정일자 받기입니다.

· 전입신고는 관할 주민센터에 방문 또는 온라인 민원24 신청
· 확정일자는 임대차계약서를 가지고 주민센터, 등기소 방문 또는 인터넷 등기소에서 신청

전입신고! 왜 그렇게 중요하다고 하는 걸까요. 대항요건(전입신고+점유)을 갖추고 있으면 대항력을 취득할 수 있기 때문입니다. 대항력? 무협지에 나올 법한 이 단어는 뭘까요? 예를 들어볼게요. A씨가 전세로 살고 있어요. 그런데 집주인 B씨가 다른 사람 C씨한테 집을 팔아요. 그리고는 새 집주인 C씨가 A씨에게 나가라고 한다면? 전입신고를 한 A씨는 "무슨 소리! 저는 나갈 수 없습니다"라고 주장할 수

있는 힘이죠. 집주인 C씨가 대항력이 있는 A씨에게 보증금을 돌려주기 전까지는 나가지 않아도 되는 거죠.

그런데 경매에서 대항력은 좀 달라요. 대항요건과 말소기준권리보다 전입신고일자가 빨라야 합니다. 경매에 넘어가면 말소기준권리를 기준으로 말소권리 뒤의 권리는 지워집니다. 말소기준권리는 저당권, 근저당권, 압류, 가압류, 담보가등기, 경매개시결정기입등기 등이 있어요. 예를 들어, 1순위가 임차권이고 뒤에 말소기준권리가 있다면 이후로는 깨끗하게 사라지고 1순위인 임차권만 남는 거죠. 즉, 말소기준권리보다 전입신고가 빠르면 OK! 이게 바로 대항력 있는 임차인이죠.

"대항력은 전입신고한 때부터 바로 생기는 건가요?"

그렇지는 않습니다. 대항요건인 주택의 인도(점유)+주민등록(전입신고)을 하면 다음 날 0시부터 효력이 발생하게 됩니다.

확정일자를 받으면 우선변제권을 취득하게 됩니다. 만약 사는 집이 경매로 넘어간다면? 생각만 해도 후덜덜하네요. 경매 후 경락대금에서 후순위의 권리자들보다 우선하여 배당을 받을 수 있는 권리가 생기게 됩니다. 배당은 또 뭐냐고요? 일정 기준에 따라서 돈을 분배받을 수 있는 것을 배당이라고 합니다.

가끔 이런 질문을 받습니다. "전입신고는 아직 못할 것 같고요. 확정일자라도 먼저 받아두면 우선변제권이 있나요?" 아니요. 우선변제를 받기 위해서는 임차인이 대항요건(주택의 인도와 전입신고)을 마친 후 확정일자를 받아야 해요.

우선변제권=대항요건+확정일자

사회초년생 L씨. 모은 돈이 많지 않아서 전세금으로는 부족한 돈이었습니다. 그런데 며칠 후 L씨에게 걸려온 부동산 관계자의 전화. "적은 돈으로도 살 수 있는 곳이 나왔어요!"

한걸음에 달려간 L씨. "이건 너무 위험하지 않을까요. 저당권에 가등기에……."

"경매 넘어가더라도 최우선변제권이라는 제도가 있어서 괜찮아요. 돈 받으실 수 있어요."

정말 괜찮은 걸까요? 최우선변제권이란 성립요건을 갖춘 소액임차인일 경우 보증금 중 일정 금액을 우선 받을 수 있는 권리를 말합니다.

소액이면 누구나 보증금을 먼저 돌려받을 수 있는 것은 아닙니다. 다음과 같은 성립요건이 갖췄을 때 받을 수 있습니다. 다만, 임차인의 보증금 중 일정액이 주택가액의 1/2을 초과하면 주택가액(대지가액 포함)의 1/2에 해당하는 범위 내에서 받을 수 있어요.

성립요건
· 배당요구의 종기일까지 배당요구를 하였을 것

· 보증금이 소액임차인에 해당하는 보증금의 범위 내에 해당할 것
· 경매개시결정등기 전에 대항요건을 갖추고, 배당요구 종기일까지 대항
  요건을 유지할 것

자, 그럼 L씨가 간 주택이 다음과 같다면?

주택 소재지: 서울특별시
전세금: 3,000만 원
근저당권 설정일: 1990.2.21

현재는 최우선변제를 받을 임차인의 범위가 1억 1,000만 원 이하입
니다. 최우선변제를 받을 수 있는 금액은 3,700만 원 이하고요. 이 금
액은 '최우선변제금액'을 검색하시면 정리된 표를 확인할 수 있어요.
자주 보는 것도 아니고 필요할 때 검색하시면 됩니다.

  그러면 최우선변제를 받을 수 있을까요? 아닙니다. 최우선변제의
기준점은요 임대차 계약 체결 시점이 아니에요. 최초담보물권인 저
당권, 근저당권, 담보가등기 등의 설정일자가 기준점이 됩니다.

  1990년 2월 21일에는 최우선변제를 받을 임차인의 범위가 2,000만
원 이하입니다. 그래서 성립요건에 해당하지 않아요. 즉, 소액임차인
에 해당하는 보증금의 범위 내에 해당하지 않기 때문에 돈을 못 받을
가능성이 큽니다.

다른 방법도 있습니다. 전세보증금 반환보증제도인데요. 주택도시보증공사의 전세보증금반환보증과 서울보증보험의 전세금보장신용보험이 있습니다. 전세 계약 기간이 끝나도 집주인이 전세금을 돌려주지 않는 경우, 주택도시보증공사 또는 서울보증보험에서 대신 돈을 지급해줍니다. 전세금은 기관에서 임차인을 대신해 받게 되고요. 실제로 집주인이 전세 계약 기간이 끝났음에도 계약금을 돌려주지 않아 주택도시보증공사가 대신 지급한 전세금이 2019년에만 약 1,700억 원에 달한다고 하니 그 금액이 실로 어마어마합니다. 계약 전 전세보증보험에 가입할 수 있는지 미리 확인 후(홈페이지, 본사·지사 방문) 주택매매 계약을 하는 것을 추천해드려요.

전세 계약할 때 이것만은 꼭 지키자!
· 전세 계약 전 등기부등본을 확인하세요. 직접 발급받는 것이 좋아요. 최소한 두 번(계약할 때, 잔금 넘겨주기 전)은 확인하셔야 합니다.
· 될 수 있으면 권리관계가 깨끗한 부동산이 좋겠지만, 그게 안 된다면 주택담보대출금과 자신의 전세보증금이 부동산 시세의 70% 이하일 때가 그나마 안전하다고 할 수 있어요. 예를 들어, 시세가 1억 원인 아파트가 있다면 기존 주택 근저당권 채권최고액이 3,000만 원일 경우 전세보증금은 4,000만 원 이하일 때가 안전하다고 할 수 있어요. 이때 중요한 건 현재 대출금이 아닌 근저당권 채권최고액을 확인하는 것입니다.
· 다가구 주택의 경우, 임차인이 많은 곳은 되도록 피하기. 임차인이 많으면 전입신고를 한 선순위 임차인이 많다는 말이기도 합니다. 나중에 전

세보증금을 날릴 가능성도 높아져요.

· 전입신고와 확정일자는 가능한 한 빨리 받는 것이 좋습니다.

신혼인 K씨는 신혼집으로 이사 후 자신의 잘못을 깨닫게 되었습니다. 회사를 마치고 저녁이 되어서야 집을 보러 다닌 게 화근이었죠. 그래서 햇빛이 잘 들어오는지 확인을 못 하고 인테리어만 보고 계약을 했습니다. 주말에 집에서 쉴 때면 낮이 되어도 불을 켜고 지내야만 하니 여간 속상한 게 아닙니다. 비가 오는 날이면 짜증이 폭발할 것 같습니다. 비가 오는데 이중주차된 차를 밀어야 하니까요. 그뿐인가요. 비 오는 날 장 보고 집에 가면 여간 불편한 게 아닙니다. 우산 들랴, 짐 들랴. 지하주차장이 아파트와 바로 연결되어 있는 지하엘리베이터인지 확인했더라면 불편함 없이 다녔을 텐데. 권리관계뿐 아니라 계약 전 꼼꼼하게 집에 대해 체크해보세요.

전월세집 보러 다닐 때 체크사항

- [ ] 주차장에 주차할 공간이 많은가요?

- [ ] 지하철 등 대중교통이 편리한 곳인가요?

- [ ] 주변에 할인점 등이 있나요?

- [ ] 공원이나 놀이터가 있나요?

- [ ] 어린이집, 유치원, 학교 등이 가까운가요?

- [ ] 병원은 가까운 곳에 있나요?

- [ ] 햇빛이 잘 드나요?

- [ ] 결로 현상은 없나요?

- [ ] 방충망이 파손되지는 않았나요?

- [ ] 물은 잘 나오나요?

- [ ] 보일러 온수는 잘 작동되나요?

- [ ] 기타 (   )

이사 가? 말아?

'전세금 지키기'라는 주제로 부동산 강의를 한 지 벌써 3년이 넘었습니다. 전세 때문에 고민인 분들이 강의에 많이 찾아옵니다. 강의가 끝나면 질문도 하고요. 최근 강의에서의 일입니다. 다른 날처럼 강의가 끝난 뒤 찾아오셔서 많은 질문을 주셨어요. 저도 사람인지라 예상치 못한 질문이 혹 들어오자 기억이 잘 나지 않았습니다. 일단 생각나는 대로 말씀드리긴 했지만, 질문에 아래와 같이 얘기해주었다면 어땠을까 아쉬움이 남습니다.

"결혼하고 나서 전세로 집을 구했어요. 그런데 이제 만료일이 다 되어가는데 연장을 할지 아니면 다른 집을 살지 고민입니다. 묵시적 갱신이라는 게 있던데 그건 뭔가요?"

묵시적 갱신이란 임대차 기간이 만료되기 6개월에서 1개월 전까지 집주인이 재계약하지 않겠다는 뜻을 세입자에게 통지하지 않거나, 임차인인 세입자가 임대차 기간이 끝나기 1개월 전까지 갱신 거절의 통지를 하지 않은 경우, 기존 계약조건과 동일하게 계약이 체결된 것으로 간주하는 건데요. 계약은 자동연장되고 이때 계약 기간은 2년입니다. 그런데 묵시적으로 계약이 연장된 경우에도 세입자는 집주인에게 언제든지 계약해지를 통보할 수 있어요.

주택임대차보호법은요 말 그대로 주택임차인의 '보호'를 위한 법인 것 같습니다. 그래서 주택임차인인 세입자에게 좀 더 유리한 조항

이 많아요. 이 법의 규정에 위반된 약정으로 임차인에게 불리한 것은 효력이 없거든요.

  그러자 이번에는 주택을 전세 주고 있다는 다른 한 분이 오셔서 이렇게 말씀하셨어요. "아휴, 세입자로 사시는 분의 아드님이 매번 전화가 와서 이거 해달라, 저거 해달라, 하나부터 열까지 다 해달라고 해요. 이번에는 형광등이 나갔다고 형광등까지 고쳐주고 왔는데 제가 어디까지 해줘야 하는 거죠? 거기서 사는 사람이 해야 하는 거 아닌가요? 보일러 같은 건 또 어떻게 되나요? 보일러도 집주인인 제가 갈아줘야 하는 건가요? 임신해서 몸도 무거운데 너무 힘들어요."
  주택시설 유지에 꼭 필요한 것들로 대표적으로 보일러 교체를 포함해 전기배선, 누수, 창문, 상하수도, 변기통 등의 문제로 인해 사용이 어려울 때 집주인인 임대인이 고쳐줘야 합니다. 하지만 세입자인 임차인의 고의나 과실로 인한 파손, 소모품인 형광등이나 샤워기 헤드, 도어락 건전지 교체 등은 임차인인 세입자가 자기 돈으로 바꿔서 써야겠죠.

  연이어서 질문을 하셨습니다. "형광등까지는 안 해줘도 되는군요. 묵시적으로 계약이 갱신된 경우에 세입자가 갑자기 저한테 계약해지를 통보하면 중개수수료를 세입자보고 내라고 해도 되는 건가요? 갑자기 나가면 제가 손해를 보게 되니까요."

묵시적으로 계약이 연장된 경우, 세입자는 언제든지 집주인에게 계약해지를 통보할 수 있어요. 그리고 다른 세입자를 구하기 위한 중개수수료를 나가는 임차인에게 물릴 수 없어요. 그래서 집주인인 선생님으로서는 자동연장보다는 계약만료 전에 중개수수료를 임차인이 내는 것에 대해 특별히 별도 약정하여 재계약을 맺는 게 좋겠네요.

어려운 법률상담을 무료로 받는 방법이 있습니다. 대한법률구조공단에 전화 또는 인터넷으로 상담을 받거나 직접 방문하여 상담받는 방법이 있습니다(법률상담은 국번 없이 132). 임대차 분쟁으로 인한 경우는 대한법률구조공단 임대차분쟁조정위원회에 접수하는 방법도 있습니다.

작은 평수의 오래된 아파트 전세부터 시작했던 신혼부부 Y씨. 몇 번의 이사 끝에 그날이 또 오고야 말았습니다. 전세 계약 만료일. 아이도 제법 컸고, 알뜰살뜰 살아서 그사이 적지 않은 돈을 모았습니다. 그래서 이제는 집을 살까 말까 고민이 됩니다. 그런데 이보다 더 큰 문제. 어디에 집을 사는 것이 나을지 모르겠다는 거죠.

A아파트는 회사에서 가깝고 주변 인프라가 좋습니다. 그래서 차가 없어도 쇼핑이나 아이 병원 다니기 편할 것 같습니다. 하지만 새 아파트도 아닌데 너무 비싸다는 단점이 있습니다. 같은 가격으로 새 아파트인 B아파트를 살 수 있습니다. 하지만 B아파트는 지역 외곽지에 있습니다. 회사에서 멀고, 주변도 휑합니다. 이곳에 살려면 차가 한

대 더 있어야 할 것 같습니다. 무엇을 선택하는 것이 좋을지 너무 고민이 됩니다.

실제로 이런 상담을 많이 받습니다. 최종적으로 추려낸 결과 A, B 아파트가 있는데 뭘 사야 할까요? 그럴 때마다 참 난감합니다. 거주 목적의 집도 일종의 물건이고, 물건을 사는 데 있어 무엇이 더 편리하고 행복한지는 각자의 주관적 가치에 따라 달라지기 때문이죠.

그래서 이분들을 도울 방법을 궁리하다가 '결정 선택법'이라는 걸 만들어봤습니다. 통계에서는 자료의 중요도에 따라 가중치를 다르게 정합니다. 가중치는 중요한 항목에는 높은 점수를 주고, 덜 중요한 항목에는 낮은 가중치를 적용하는 것입니다. 높은 가중치를 지닌 항목은 총 점수에 기여하는 부분이 큽니다. 그 가중치를 적용하여 선택하는 방법이죠. 예를 들어볼까요?

결정 선택법		
	A 아파트	B 아파트
새 아파트 (30%)	10점	100점
직장 근접 (10%)	80점	50점
교통, 학군 (60%)	100점	40점
총점(100%)	①	②

(점수×가중치)+(점수×가중치)+(점수×가중치)=점수

100점 만점 기준으로 주변 인프라가 좋으나 새 아파트가 아닌 A아파트와 새 아파트지만 인프라가 좋지 않은 B의 경우입니다. 가중치를 적용하기 전 점수는 계산했을 때는 차이가 나지 않습니다.

A아파트 (10+80+100)÷3=63.3점
B아파트 (100+50+40)÷3=63.3점

하지만 가중치가 몇 프로냐에 따라서 점수는 달라지겠죠. 그러면 더 중요하게 생각하는 항목에 더 높은 가중치를 적용하여 계산해볼까요?

A아파트 10점×0.3+80점×0.1+100점×0.6=3+8+60=71점
B아파트 100점×0.3+50점×0.1+40점×0.6=30+5+24=59점

이처럼 항목의 중요도에 따라 가중치를 다르게 하면 계산 결과가 크게 달라질 수 있습니다. 그리고 자신에게 더 가치 있는 항목으로 계산한 총점을 바탕으로 '나'만의 합리적 선택을 할 수 있게 되죠.

다른 아파트로 매매할지 안 할지, 전세로 이사하는 문제도 적용 가능합니다. 어떤 아파트로 갈지 선택하는 과정이니까요. '결정 선택법'은 주택뿐 아니라 다른 소비재의 선택 계산법으로도 손색이 없을 것 같습니다. 이사를 고민하고 있다면 지금 한번 자신이 생각하는 항

목의 가치(가중치)를 대입하여 계산해보세요. 선택하는 데 분명 더 나은 방향을 제시해줄 것입니다.

결정 선택법		
	A 아파트	B 아파트
새 아파트 (%)		
직장 근접 (%)		
대중교통 (%)		
학군 (%)		
편의시설 (%)		
총점 100%		

주택 계약 전 이것만은 꼭!

직장인 P씨는 전세를 구하다가 인테리어도 깨끗하고 시세까지 저렴한 아파트를 발견했습니다. '이게 웬 떡이냐' 하면서 계약을 하려는데 한 가지 걸리는 사실, 집주인이 외국에 나가 있는 관계로 지인이 대신 계약을 한다는 것이었죠.

전셋집을 구하든 매매하든 주택 계약 전에 반드시 챙겨야 할 것들이 있습니다. 바로 의심하고 또 의심하는 것이죠. 먼저 시세보다 저렴하다는 말은 중개업소의 말인가요, 아니면 당신이 직접 찾아보셨나요. 실거래가를 찾는 방법은 아래와 같습니다.

· 국토교통부 실거래가 공개시스템 홈페이지
· 네이버 부동산
· KB아파트시세 조회

소유주와 매도인이 동일인인지 확인

대리인이 대신 계약하는 경우, 대리인이 소유주의 배우자일 때가 많습니다. 여기서 우리는 사랑이 영원하다는 고정관념을 버릴 필요가 있습니다. 오늘은 배우자일지라도 내일은 남남이 될 수 있는 거예요. 배우자도 이런데 친척이나 지인은 더더욱. 나중에 소유주가 "나는 위임한 적이 없다!"고 나오면 어떡할 건가요. 위임을 받았다고 주장한 사람은 그사이 이미 사라지고 없다면? 세상 무너짐. 꼭 사기가 아니더라도 집값이 그사이 올랐다는 이유로 위임한 적이 없다고 딱 잡아뗄 수도 있어요.

계약할 때 본인 확인 여부가 중요합니다. 소유주와 매도인이 동일한지는 소유주의 신분증을 등기부등본과 비교하여 알 수 있습니다. 실제 집주인이 아니라 등기부등본상의 소유주여야 합니다.

어쩔 수 없이 대리인과 계약해야 할 경우에는 대리권한을 받은 대리인과 계약해야 합니다. 그래서 대리인과 계약할 때는 대리권 여부를 위임장과 인감증명서로 확인해야 해요. 그리고 집주인 본인과 통화해서 반드시 계약 내용을 확인해야 합니다.

> 대리인과 계약 시 필요 서류
> · 임대인 위임장 및 인감증명서
> · 임대인과 대리인의 신분증
> · 대리인과의 관계에 대한 서류(주민등록등본, 가족관계증명서)

정말 중요한 걸 깜박할 뻔했어요. 돈은 등기부등본상 소유자 계좌로 보내야만 합니다. 꼭!

등기부등본 직접 발급받아 확인하기

계약하기 전에 등기부등본을 반드시 확인해야 합니다. "앞에서 얘기했잖아요"라고 할지도 몰라요. 하지만 등기부등본은 몇 번 얘기해도 부족함이 없을 정도로 매우 몹시 중요합니다. 등기부등본은 권리에 대해 알려주는 서류입니다. "표제부, 갑구, 을구로 나누는데 그 내용으로는~" 이렇게 얘기하면 말하는 저조차도 졸린 것 같습니다. 우리가 알아야 할 건 단순합니다. 등기부등본에 가등기, 가압류, 예고등기, 압류, 경매 등이 적혀 있다면 계약을 피하는 것이 좋아요. 용어만 봐도 느낌이 싸하지 않나요? 살짝 짚고 넘어간다면, 가등기는 쉽게 말해 임시등기, 본등기의 순위 보전을 위해서 하는 예비등기에요. 나중에 집주인이 돈을 못 갚으면 본등기의 순위가 가등기의 순위로 되는 거죠. 소오오오름. 가압류란 금전채권의 채권자가 장래의 집행을 보전하기 위해 미래 집행 가능한 채무자의 재산에 관해 그 처분권을 채무자로부터 빼앗아두는 것을 말하는데……. 그래요. 기억도 안 날 말들은 그만하고, 우리가 기억해야 할 건 하나! 쓰리가(가등기, 가처분, 가압류) 집은 믿고 거르기.

계약할 때 중요한 것! 특약을 잘 챙겨야 한다는 거죠. 특약은 쓸 수도 있고 안 쓸 수도 있는, 말 그래도 당사자 간의 특별한 합의입니다. 하지만 나중에 생길 수 있는 분쟁을 미리 방지하고자 구체적으로 특약을 작성하는 것이 좋아요. 몇 가지 예를 들어볼까요.

· 임차인이 주택일 인도받을 때까지 저당권 등의 권리 설정을 하지 말 것. 만약 권리 변동이 있을 때 계약은 무효로 함.
· 잔금일 이후 6개월 이내 누수 발생 시 매도인의 책임으로 함. 6개월 이후

이외에도 별도의 합의가 있는 경우 계약서 특약으로 명시해놓으세요. 구두보다는 서면이 확실하니까요. 그리고 특약사항에 혹시나 자신에게 불리한 내용이 있는지도 꼭 확인해야 합니다.

참고로 계약한 순간부터 특약이 별도로 없는 한 계약 취소할 경우 계약금을 돌려받을 수 없습니다. 가계약 역시 다르지 않습니다. '중요 부분에 대한 합의'가 있다면 가계약도 계약으로 보기 때문이죠. 그래서 가계약금, 계약금을 돌려받아야 할 정당한 사유가 있다면 사전에 특약을 활용하는 것이 좋아요.

계약 전 확인사항

확인사항	YES	NO
실거래가를 직접 확인하셨나요?	YES	NO
소유주와 매도인이 동일한가요?	YES	NO
계약 전 등기부등본을 확인했나요?	YES	NO
잔금 지급 전 등기부등본을 확인했나요?	YES	NO
가등기와 가압류 등의 있지는 않나요?	YES	NO
특약 사항에 추가로 적을 내용은 없나요?	YES	NO
적힌 특약 사항에 불리한 내용은 없나요?	YES	NO

부동산 절세지식

부동산 재테크 강의를 다니다 보면 꼭 나오는 멘트. "어휴, 집 한 채 팔았는데 뭔 세금이 그리도 많이 떼는지…… 속상해요." 자랑 아닌 자랑 같은 멘트이기도 합니다만, 파는 입장에서는 충분히 속상할 만한 일입니다. 그래서 준비한 '부동산 절세지식' 편!

1가구 1주택인 경우

양도소득세란 양도한 때 얻은 소득에 대해 내는 세금입니다. '집값도 내렸는데 양도소득세는 어쩌지?' 이런 걱정은 안 하셔도 됩니다. 차익이 없다면 양도소득세도 없으니까요.

양도 소득 O → 양도소득세 과세

양도 소득 없거나 손해 보았다면 → 양도소득세 X

잘 아시다시피, 1가구 1주택인 경우에는 양도소득세가 면제됩니다. 주택(9억 원 이하)을 2년간 보유하다가 팔면 양도소득세가 면제됩니다. 하지만 2017년 8월 3일 이후 서울 등 조정지역에서 취득한 주택에 대해서는 2년 이상 거주도 해야 합니다.

Ⓠ 1세대 1주택입니다. 피치 못하게 2년을 채우지 못하고 양도계약을 해야 할 것 같은데 좋은 방법이 없을까요?

Ⓐ 양도 시기는 아래와 같습니다.

· 대금청산일이 분명한 경우: 잔금일
· 대금청산일이 분명하지 않은 경우: 등기접수일
· 대금청산 전 소유권이전등기한 경우: 등기접수일

이게 무슨 말이냐면, 2년을 채우지 못한 나머지 기간이 얼마 안 남았다면, 해당 주택의 잔금 받는 날을 취득일로부터 2년이 지난 후로 등기 또는 2년이 지난 후에 이전할 수 있도록 날짜를 조절하면 1가구 1주택자로 양도소득세 비과세 혜택을 받을 수 있다는 거죠. (단, 조정대상 지역은 17년 8월 3일 이후 취득분부터 전 세대원이 2년간 거주를 해야 합니다.)

일시적 1가구 2주택인 경우

Ⓠ "이번에 아이 때문에 친정 근처로 이사 왔어요. 종전에 살던 집은 세를 줬죠. 이젠 세를 줬던 집은 팔려고 해요. 근데 앞에 백화점도 들어오고 해서 그런가 봐요. 시세차익이 1억이 넘네요. 세금이 만만치 않을 텐데 고민입니다."

Ⓐ 이 분의 경우 일시적 1가구 2주택이 되는 경우로 양도소득세 면제조건에 해당할 수도 있습니다.

일시적 1세대 2주택 면제 조건

· 2년 이상 보유할 것

· 종전 주택 취득 후 1년 경과 후 새로운 주택 취득할 것

· 3년 내 기존 주택을 매도할 것

여기에 몇 가지 주의점이 있습니다. 취득일은 등기접수일과 잔금일 중 빠른 날을 기준으로 합니다. 2017년 8월 3일 이후 취득한 조정대상 지역 내의 주택은 2년 보유뿐 아니라 거주도 해야 하고요. 만약 2018년 9월 14일 이후 취득분부터 조정대상 지역에서 조정대상 지역으로 이사한다면 2년 이내에 기존 주택을 매도해야 세금을 면제받을 수 있어요.

Ⓠ "남편 직장 때문에 최근에 지방으로 왔습니다. 기존에 살던 집은 서울에 있어요. 그런데 현금이 급한 것도 아니고 기존 집을 팔 이유는 없어서요. 주택임대사업자 등록을 생각하고 있어요. 어떤 점이 좋은가요?"

Ⓐ 주택임대사업자의 경우 종부세 등 세제 혜택과 임대주택으로 등록하고 2년 이상 살던 거주용 주택을 팔 때 1세대 1주택 양도소득세 감면을 적용받을 수 있었어요. 하지만 요건이 있어요.

· 임대주택 등록 당시 기준시가가 6억 원 이하(수도권 외 3억 원 이하)

· 임대료 연 증가율은 5% 이내

· 의무 임대 기간이 2018년 4월 이전은 최소 5년, 이후는 8년

10년이면 강산이 변한다는데 10년보다 2년 부족하다 해서 짧은 시간은 아닌 것 같은 느낌적인 느낌이네요.

1세대 2주택인 경우

Ⓠ "일시적 1세대 2주택이 아니면 양도세 감면 혜택을 받을 수 없을까요?"

Ⓐ 꼭 그렇지만은 않습니다. 만약 결혼하기 전 각 한 채씩 보유하다가 결혼을 하면서 집이 두 채가 된 경우, 5년 이내에 먼저 양도하는 주택에 대해서는 양도소득세 비과세 혜택을 받을 수 있어요. 참고로 60세 이상 부모님을 부양하기 위해 합가한 경우에는 10년 이내에 먼저 파는 주택은 1세대 1주택 비과세 혜택을 받을 수 있습니다.

Ⓠ "현재는 2주택을 가지고 있지만 나중에 한 채는 팔아서 노후자금으로 쓰려고 합니다. 그런데 집을 팔 때쯤 되면 양도소득세 부담이 클 것 같아요. 어떻게 양도소득세를 절세하는 방법은 없을까요?"

Ⓐ 배우자 증여를 활용하는 방법이 있습니다. 배우자에게 주택을 증여하고 5년 이후에 양도하면 양도소득세를 줄일 수 있습니다. 기존 취득금액이 2억 원이고 집을 팔 때 가격이 7억 원이라면

대략 5억 원의 차익에 대해서 양도소득세가 과세됩니다. 하지만 배우자 증여를 통해서 취득가액을 증액시키는 방법이 있습니다. 2억 원의 주택을 증여 시 신고했던 6억 원이 취득가액으로 인정! 5년 이후에(5년 이내에 팔면 이월과세 적용되므로 주의) 7억 원에 집을 판다면 취득가액은 6억 원을 초과하는 차익에 대해서만 양도소득세를 내면 되겠죠. (단, 증여를 받는 배우자는 취득세를 내야 합니다.) 참고로 배우자에게 6억 원까지 증여세가 면제됩니다.

다주택자

ⓠ "다주택자가 가지고 있는 집 중에 두 채를 팔 때 양도소득세가 만만치가 않습니다. 양도소득세를 줄이는 방법이 없을까요?"

ⓐ 있습니다. 만약 한 해에 이익 난 두 채의 집을 판다면 한 채는 올해, 한 채는 다음 해에 파는 것이 좋습니다. 양도소득세의 과세 기간은 1월 1일부터 12월 31일까지입니다. 그리고 과세기간 중 양도한 주택은 합산 과세합니다. 같은 해에 판다면 고율의 누진세율을 적용받을 뿐 아니라 기본공제도 1회 250만 원만 받을 수 있습니다. 하지만 한 채는 올해, 다음 해에 나머지 한 채를 판다면 낮은 누진세율을 적용받고, 기본공제는 각 1회씩 적용받아 총 2회 500만 원까지 받을 수 있는 거죠.

단, 이런 경우도 있습니다. 두 채의 집을 팔아야 하는데, 한 채는 차익이 생겼지만, 한 채는 손실이 났다면? 과세 기간 중 양도한 주택은 합산 과세하므로, 이익 난 부동산을 처분하는 해에 같이 팔면 합산하여 양도소득세를 줄일 수 있겠죠.

Ⓠ "기존 주택 말고 집 한 채를 더 사려고 해요. 주변에서 공동명의로 하라고 하던데 이유가 있나요?"

Ⓐ 공동명의로 취득한 부동산은 양도 시 공동명의자 각각에 대해 양도소득세를 소유자별로 계산하게 됩니다. 양도소득세는 누진세율이므로 단독명의로 양도하는 경우보다 세 부담이 줄어들게 되겠죠. 또한 양도소득 기본공제도 두 사람이 각각 250만 원씩 공제받게 됩니다(취득세, 재산세는 명의자 수요 상관없이 세금 동일). 이때 중요한 것 하나, 잊지 않았죠? 주택담보대출 소득공제를 받으려면 주택은 공동명의로 하더라도 소득공제를 위해서 차입금 명의는 소득공제를 받을 근로자 명의로 하기.

꿀팁 1. 필요경비 증빙서류는 미리미리 챙겨놓으세요

부동산 취득할 때부터 증빙서류들을 하나하나 꼼꼼하게 챙겨놓는 것이 중요합니다. 양도소득세 계산할 때 비용으로 인정받을 수 있기 때문입니다.

공제받을 수 있는 필요경비로 인정되는 항목
· 취득에 든 비용: 취득세, 법무사 비용, 공인중개사 수수료. 자산을 취득하면서 상대방과의 분쟁으로 인한 소송비용, 인지대 등
· 취득 후 지출한 비용: 아파트 베란다 새시비, 발코니 확장비, 방범창 설치

비, 보일러 교체비(단, 도배, 싱크대, 주방기구 교체, 타일 및 변기, 욕조 교체, 보일러 교체 아니고 수리비, 외벽 도색 작업 등은 안 됨)

· 양도비용: 자산을 양도하기 위하여 직접 지출한 계약서 작성비, 부동산 중개수수료, 양도소득세 신고서 작성비용, 국민주택채권 또는 토지개발 채권 만기 전에 매각함으로써 발생한 매각 손실

꿀팁 2. 하루 차이로 세금을 낼지 안 낼지가 결정된다면?

당연히 안 내는 방법으로 해야겠죠. 재산세 및 종부세(종합부동산세)의 과세기준일은 6월 1일입니다. 다시 말해, 6월 1일에 소유한 사람이 내는 세금입니다. 그래서 잔금일을 잘 정해야 합니다.

그럼 잔금을 6월 1일에 치르면 누가 낼까요? 부동산의 사실상 소유자로서 매수인이 재산세를 내게 됩니다. 하지만 6월 2일 이후로 잔금을 치르면 매도자가 재산세를 내야 합니다. 주택을 파는 경우라면 6월 1일 전에 파는 것이, 산다면 6월 2일 이후에 사는 것이 그해의 재산세와 종합부동산세를 안 내는 방법이겠죠.

'아니 대체 이런 부동산 절세 꿀팁들의 출처는 어디인가요?' 하고 궁금하실 수 있습니다. 놀라지 마세요. 위 내용의 일부는 바로 국세청 홈텍스 홈페이지에서 확인할 수 있답니다. 일시적 1세대 2주택 양도소득세 경우의 수만 하더라도 기존 세 가지에서 33가지 이상으로 늘어날 정도로 세법이 복잡해졌어요. 그래서 계약 전 양도소득세 상담 받으시기를 추천합니다.

[대출]
빛도 자산

대출 잘 받는 방법

살면서 큰돈 들어가는 소비 중 단연 1등은 주택 마련이 아닐까 합니다. 이런 주택을 현금 다 주고 사기란 현실적으로 어렵습니다. 그래서 주택담보대출 등 살면서 누구나 한 번쯤은 대출을 받습니다.

꼭 주택이 아니더라도 대출받을 일이 언제 갑자기 생길 수 있어요. 더 좋은 조건으로 대출받는 것이 당연히 유리하겠죠.

대출 전

1. 준비단계

2. 정책 금융상품

3. 은행 방문

1. 준비단계

대출을 받기 전에 대출 가능 금액, 대출 기간, 원금상환 가능 금액, 매월 납입 이자 등을 잘 따져보고 얼마를 대출받을지 신중히 결정해야 합니다. 그래야 불필요한 대출이자를 내지 않을 수 있습니다. 만기 전에 갚게 된다면 중도상환수수료 등도 중요합니다. 대출받기 전에 먼저 금융감독원 '금융상품한눈에(finlife.fss.or.kr)'에 접속하여 은행별 금리와 조건 등을 비교해보세요.

2. 정책 금융상품

일반적으로 정부정책에 따라 도입된 금융상품은 일반 시중은행 자체 상품보다 금리가 낮습니다. 정책 금융상품은 다음과 같습니다.

기관명	상품 이름	사이트 주소
주택도시기금	내집마련 디딤돌대출	nhuf.molit.go.kr
	버팀목전세자금	
	신혼부부전용 구입자금	
한국주택금융공사	보금자리론	www.hf.go.kr
	디딤돌대출	
한국자산관리공사	바꿔드림론	www.happyfund.or.kr
금융감독원	새희망홀씨	s1332.fss.or.kr
서민금융1332	햇살론	
	미소금융	

이외에도 사잇돌 대출 등이 있습니다. 상품마다 대출 자격이나 지원 내용 등이 다르므로 자신에게 가장 적합한 것을 찾아봐야 합니다. 하지만 하나하나 찾으려면 짜증납니다. 그 짜증, 제가 가져갈게요. 다음은 2019년 10월 기준입니다.

주택도시기금 <신혼부부전용 구입자금>

· 대상: 부부합산 연소득 7,000만 원 이하 무주택자로 생애 최초 주택구입자

· 금리: 최저 연 1.7%~2.75%

· 한도: 최대 2.4억 원(DTI 60%, LTV 70% 이내)

· 기간: 10년, 15년, 20년, 30년

주택도시기금 <내집마련 디딤돌대출>

· 대상: 부부합산 연소득 6,000만 원 이하(생애최초 주택 구입자, 2자녀 이상 가구 또는 신혼가구는 연소득 7,000만 원 이하). 순자산가액 3.7억 원 이하 무주택 세대주

· 금리: 연 2.0~3.15%(LTV 70%, DTI 60% 이내)

· 한도: 최고 2.4억 원 이내

· 기간: 10년, 15년, 20년, 30년

주택도시기금 <버팀목전세자금>

· 대상: 부부합산 연소득 5,000만 원 이하, 순자산가액 2.8억 원 이하 무주택 세대주(만 25세 미만 단독세대주 제외)

· 금리: 연 2.3~2.9%

· 한도: 최고 8,000만 원 이내(수도권은 1.2억 원, 수도권 외 8,000만 원 이내)

· 기간: 2년(4회 연장, 최장 10년 이용 가능)

한국주택금융공사 <보금자리론>

· 대상: 연소득 7,000만 원 이하(미혼이면 본인만, 기혼이면 부부합산) 신혼 가구(혼인관계증명서상 혼인신고일이 신청일로부터 7년 이내이거나 결혼 예정자). 맞벌이면 최대 8,500만 원 이하, 외벌이면 연소득 7천만 원 이하. 미성년자 자녀가 3명 이상인 경우 부부합산 연소득 최대 1억 원 이하. 미성년자 자녀가 1명인 경우 부부합산 연

소득 최대 8천만 원 이하. 미성년자 자녀가 2명인 경우 부부합산 연소득 최대 9천만 원 이하. 구입 용도이고, 본 건 외 무주택자만 신청 가능. 주택면적 85㎡ 이하(수도권 제외한 도시지역 아닌 읍, 면, 또는 면 지역은 100㎡ 이하)

한국주택금융공사 <디딤돌대출>
· 대상: 부부합산 연소득 6,000만 원(단, 생애 최초, 신혼, 2자녀 이상의 경우 7,000만 원까지) 이하의 무주택 세대주
· 신청 시기: 소유권이전등기 접수일로부터 3개월 이내
· 금리: 연 2~3.15%(우대금리 추가 적용 가능)

※ 향후 변동될 수 있습니다.

3. 은행 방문

① 대출한도 알아보기

주거래은행부터 활용하세요. 급여이체, 예·적금 등을 이용하는 은행은 통상 대출 시 한도를 높여주거나 금리를 낮춰주는 등 우대혜택을 주는 경우가 많습니다. 그래서 더 좋은 조건으로 대출을 받을 가능성이 큽니다.

직접 영업점에 방문해서 대출한도를 검토해보세요. 정확한 대출한도는 대출 유형이나 지점에 따라 혹은 개인별로 달라질 수 있기 때문입니다. 필요한 서류는 등기부등본, 주민등록등본, 소득금액증명원,

건강보험자격득실확인서, 인감도장, 인감증명서, 재직증명서 혹은 사업자등록증, 국세·지방세 완납증명서, 신분증 등이 있습니다. 하지만 대출상품, 기관 등에 따라 다를 수 있으므로 방문할 은행에 미리 연락해보는 것을 추천해드립니다.

② 대출금리 알아보기
대출금리는 대출 시 기준금리에 가산금리를 더하고 금융회사마다 우수고객에게 적용하는 우대금리를 차감하여 결정됩니다.

대출금리=기준금리+가산금리-우대금리

어떻게 하면 금리를 감면받을 수 있는지 물어보세요. 대출금리는 개인소득 수준과 신용도에 따라 차이가 있습니다. 그리고 거래실적 등에 따라 달라질 수 있습니다. 은행별로 같은 금액을 대출받더라도 부담해야 할 이자는 다 다르므로 다른 은행 등과의 비교는 필수겠죠. 참고로 재직 중인 회사의 주거래은행에 대한 특별우대와 공무원, 교직원 등 특정 조건의 고객들에 대한 우대금리 특별대출상품이 있으므로 특판상품도 확인해보기를 바랍니다.

4. 신용대출? 담보대출!

담보가 있다면 신용대출보다 담보대출이 금리 면에서 유리합니다. 우선순위를 유리한 순으로 나열해보았습니다. 단, 어떤 목적으로 대출을 받느냐에 따라 달라질 수 있습니다.

(만기가 얼마 남지 않은) 예·적금 담보대출

보험계약 대출

부동산 담보대출

신용대출

5. 고정금리 vs 변동금리

고정금리는 가입한 기간에 시중금리가 변하더라도 대출 당시의 이자율이 변하지 않습니다. 그에 반해 변동금리는 만기 때까지 이자율이 변합니다. 고정금리의 경우 금리 변동의 위험성을 금융기관이, 변동금리는 고객이 부담합니다. 그래서 보통은 변동금리가 고정금리보다 낮은 편입니다.

그렇다면 고정금리, 변동금리 둘 중 무엇이 더 유리할까요? 결론부터 말하자면, 금리 전망에 따라 달라질 수 있습니다. 대출금리가 상승할 경우 고정금리가 변동금리보다 유리합니다. 하지만 향후 금리가 내려간다면 변동금리가 유리할 수도 있습니다. 대출기간이 3년 이내라면 금리가 낮은 변동금리를, 3년 이상이라면 안정적인 재무설계를 위해 고정금리를 택하는 것도 하나의 방법일 수 있습니다.

대출 상환 방식에 따라 이자가 달라진다

대출 원금과 기간, 금리가 같더라도 상환 방법에 따라 내야 할 이자가 달라집니다. 다음으로 대출 상환 방법에 대해 알아보겠습니다. 대출 상환 방식은 몇 가지가 있습니다. 만기 일시상환, 원금 균등상환, 원리금 균등상환 방식 등인데요.

- 만기 일시상환: 매달 이자만 내다가 만기에 원금을 한꺼번에 갚는 방식
- 원금 균등상환: 대출 원금을 대출 기간만큼 균등하게 나누어 상환하고, 이자는 원금 잔액에 적용하는 방식
- 원리금 균등상환: 대출 원금과 이자를 모두 합산하여 대출 기간에 매월 같은 금액으로 나누어 갚는 방식

이외에도 이를 혼용한 일정 기간 거치 후 원금 균등상환, 거치 후 원리금 균등상환의 혼합상환 방식 등도 있습니다. 이해를 돕기 위해 대출 원금 2억 원, 대출기간 20년, 연 이자율 3%로 가정 시 원금 균등상환 방식과 원리금 균등상환 방식을 비교해보았습니다.

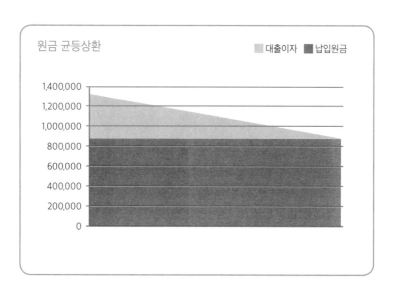

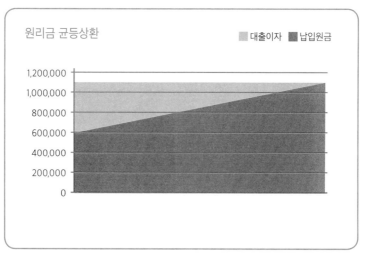

원금 균등상환의 경우 총 대출이자는 60,250,000원, 원리금 균등상환의 경우는 66,206,858원입니다. 이처럼 원금 균등상환 방식은 초기 부담이 큰 대신 시간이 갈수록 월 상환금이 줄어드는 구조입니다. 반면 원리금 균등상환 방식은 대출기간 월 상환금이 일정하나 원금 균등상환방식보다 부담해야 할 총 대출이자가 많습니다.

　그래서 이자금액만 본다면 원금 균등상환 방식이 가장 유리합니다. 하지만 누구에게나 정답은 아닙니다. 현재 상황과 미래의 현금흐름은 개인마다 다르기 때문이죠. 초반 상환금액이 부담스럽거나 매월 일정한 금액으로 상환하고 싶다면 원금 균등상환 방식보다 원리금 균등상환 방식이 더 적합할 수 있습니다. 그래서 자금운용계획 등을 따져보고 자신에게 맞는 상환 방식을 찾는 것이 중요합니다.

　계산이 어렵다고요? 간단합니다. 앱이나 포털 사이트의 대출 계산기를 이용하여 대출 금액과 기간, 연 이자율 등을 입력하면 상환 방법에 따른 총 상환금액을 쉽게 알 수 있습니다.

돈 갚는 데도 순서가 있다고요?

앞서 '부채 상태표'(44쪽)를 작성하셨을 텐데요. 이제 그 표가 빛을 발할 때입니다. 대출 내용 중 어떤 것부터 갚을 것인지 상환 순서를 정해보세요. 순서를 정할 때는 다음과 같은 방법을 추천합니다.

높은 금리 대출부터

너무나 당연합니다. 금리가 높은 대출부터 갚아야 합니다. 보통은 소액 대출이 고금리인 경우가 많으므로 소액 대출부터 상환하는 것이 좋습니다. 그리고 담보대출보다 신용대출부터 상환하세요. 일반적으로 신용대출이 담보대출보다 금리가 높기 때문입니다.

금리가 같다면 상환 기일이 빠른 것부터

혹시나 납기일을 하루라도 놓친다면 연체이자를 물어야 합니다. 연체이자는 비쌉니다. 약정 대출이자에 5~9%포인트의 가산금리를 붙여 부과되기 때문입니다. 만약 돈이 부족해서 대출이자를 못 낼 것 같다면 상황이 되는 대로 이자 일부만이라도 먼저 갚으세요. 그러면 납입일이 미뤄지기 때문에 높은 연체이자의 부담을 줄일 수 있습니다. 단, 만기일시상환대출인 경우에만 해당합니다.

청약저축 등 꼭 필요한 저축 외의 자금은 대출부터

일반적으로 예금이자율보다 대출이자율이 높게 책정됩니다. 그래서 적금을 모아 갚는 것보다 대출부터 상환하는 것이 더 유리하겠죠. 또한 목돈이 생기면 대출금 중도상환을 하는 것도 중요합니다. 중도 상환을 통해 원금 자체를 줄여서 이자를 낮출 수 있기 때문입니다. 단, 중도상환수수료가 있다면 중도상환수수료를 내더라도 대출 잔액 을 줄이는 것이 더 유리한지 아닌지 잘 따져보아야 합니다.

부채 상태표를 바탕으로 상환 우선 순서를 정해보세요				
우선순위	기관	금리	납입일	대출 잔액

대출받고 끝? NO!

한 캐피털 업체로부터 전화를 받은 L씨.

"고객님, 이번에 대출금리가 낮아졌어요. 고객님의 경우 더 낮은 금리로 갈아타실 수 있습니다."

그리고 이어지는 멘트.

"대출을 진행하려면 전용 스마트폰 애플리케이션을 설치하셔야 합니다."

눈치 채셨나요? 이것은 보이스피싱입니다. 이유도 없이 당신의 이익을 위해 먼저 전화를 걸어주는 곳은 없습니다. 대출받은 사람이 직접 지속적인 모니터링을 해야 합니다.

또한 금리와 각종 우대금리를 비교하여 타 금융기관으로 대출을 갈아타야 합니다. 단, 총 이자뿐만 아니라 중도상환수수료, 근저당설정비, 인지세 등 갈아타는 부대비용까지 따져 비교해보세요. 참고로 중도상환수수료란 대출기간 중간에 원금을 미리 갚을 때 고객이 부담해야 하는 수수료입니다.

금리, 금리 우대 방식 등은 계속 바뀝니다. 만약 신용등급이 상승하거나 취업, 승진 혹은 연봉 인상으로 인한 소득 증가 등의 변동이 생길 경우, 그리고 의사, 변호사, 공인회계사 등 전문자격증을 취득하면 금리 인하 요구권을 행사하면 됩니다. 금리 인하 요구권이란 글자 그대로 은행 등에 금리를 낮춰달라고 요구하는 것이죠. 쉽게 말해, '이자 깎아주세요!'인데요. 금융기관은 이를 심사해 금리를 조정하도록

하는 제도입니다. 영업점에 방문하여 금리 인하 신청서를 작성해서 입증 자료 등과 함께 제출하면 됩니다. 단, 기관마다 적용 조건이 다르므로 미리 확인해야 합니다.

대출 만기가 됐다면 무조건 재계약을 하기보다는 대출기간, 상환방법 등을 꼼꼼히 따져서 더 좋은 조건의 다른 대출상품도 알아보세요. 그리고 만기 연장 시에는 필요한 기간만큼만 월 단위로 연장하여 중도상환수수료 부담을 줄일 수 있습니다.

기존 대출과 새 대출을 비교해보세요		
	기존 대출	새 대출
이자		
중도상환수수료		
근저당설정비		
인지세 등		
합계		

빚도 상속된다고요?

농민사관학교에서 어르신들을 모시고 경제 강의를 진행했습니다. 대출에 관하여 설명하고 있을 때 한 분이 손을 번쩍 들더니 질문하셨어요.

"도통 무슨 말인지…… 어렵습니다. 다시 한 번 설명해주세요."

그러자 앞에 앉은 분이 말씀하셨어요.

"거참, 저게 어딜 봐서 어렵다는 것이여."

다른 분들과는 달리 유독 한 분은 '매우 쉽다'는 반응을 보였습니다. 그리고 질문을 한 분께 직접 설명을 해주기 시작했어요. 자신이 대출을 많이 받아봐서 잘 안다는 부연설명과 함께요.

강의가 끝나갈 때쯤 '꿈'에 대해 이야기를 나누는 시간을 가질 때였어요. 그분의 발표순서가 되었습니다. 그분의 꿈은 '죽기 전 대출을 모두 갚는 것'이었습니다. 자신의 기존 대출뿐만 아니라 아들 장가보낼 때 대출을 받았다고. 최근에는 딸이 시집가는데 아들만 집을 해줄 수 없어서 또 대출을 받으셨다고 해요. 그 이야기를 들으며 머릿속에 맴도는 한 단어 '자녀 리스크.' 안정적인 노후를 위해서는 자녀교육비와 노후 준비를 같은 우선순위에 놓아야 합니다. 자녀교육비 등의 상한선을 정해 놓을 필요가 있는 것이죠.

하지만 뿌듯한 표정을 지으며 자식을 위해 대출을 받았다고 말씀하시는 그분께 드려선 안 될 말 같아 아무런 말도 할 수 없었습니다. 그 표정은 흡사 '내가 다 안고 가겠다'는, 왜장을 안고 남강에 뛰어든

논개의 심정이었습니다.

집으로 돌아가는 길. 말로는 설명하지 못할 복잡 미묘한 감정이 들었어요. 그러다 문득 몇 년 전 친구에게 받았던 한 통의 문자메시지가 머릿속을 스쳤습니다.

"지인의 아버지께서 돌아가셨는데……, 돌아가시고 나서 뭐 해야 할 건 없을까? 너라면 알고 있을 것 같아서."

'혹여 그 친구의 지인분이 자신의 사정을 자세히 말씀하시지 못한 건 아닐까. 혹시 그분의 돌아가신 아버지께서 빚이 있으셨던 거라면…….' 제가 의중을 파악하지 못했던 건 아닐지, 갑자기 죄책감이 몰려왔습니다.

보통 상속은 자기 일이 아니라고 생각합니다. 상속이라고 하면 돈이 남아도는 분들이 자식에게 해주는 것으로 생각하니까요. 하지만 문제는 빚도 상속될 수 있다는 것이죠.

상속인은 상속개시가 있음을 안 날로부터 3개월 이내에 세 가지 중 하나를 택할 수 있습니다.

· 단순승인
· 한정승인
· 상속 포기

3개월 이내에 한정승인 또는 상속 포기를 하지 않는다면 단순승인을 한 것으로 봐요. 단순승인은 아버지께서 돌아가셨을 때 아무런 제한 없이 아버지(피상속인)가 남긴 빚과 재산을 포함한 모든 권리와 의무를 전적으로 이어받는 거예요. 이외에도 단순승인으로 보는 것들이 몇 가지 있습니다. 자녀(상속인)가 상속재산을 처분한 경우, 한정승인 또는 상속 포기를 했음에도 상속재산을 숨기거나 정당한 이유 없이 상속재산을 써서 없애버리거나 고의로 재산목록에 기재하지 않았을 경우 등입니다.

한정승인을 하려면 가정법원에 정해진 기한 내에 한정승인 신고를 해야 합니다. 한정승인은 돌아가신 아버지의 빚과 재산을 물려받되 아버지에게 물려받은 재산만큼만 아버지(피상속인)의 빚을 갚는 겁니다. 아버지(피상속인)께서 남긴 빚이 얼만지 정확히 알 수 없을 때, 그렇다고 상속 포기를 하는 것도 곤란할 때 선택하는 방법이 될 수 있겠죠.

끝으로 상속 포기입니다. 상속개시가 있음을 안 날로부터 3개월 이내에 가정법원에 상속 포기 신고를 해야 합니다. 아버지(피상속인)의 빚뿐만 아니라 재산의 모든 권리와 의무를 전부 다 포기하겠다는 것이죠.

그런데 이 경우 주의할 점이 있습니다. 만약 자녀가 상속 포기를 했다면 끝일까요? 아닙니다. 그다음 순위인 자녀의 아이들에게로 넘어갈 수 있습니다. 아버지의 빚이 손자, 손녀인 자녀의 아이들에게 넘어가는 거죠. 즉, 아이들은 할아버지(피상속인)의 빚을 상속받게 됩니다.

상속 포기의 경우 모든 유가족이 책임을 피하기 위해서는 1순위부터 4순위까지 전 가족들이 상속 포기 신고를 해야 합니다.

상속순위를 한번 보실까요?

1순위 직계비속과 배우자
2순위 직계존속과 배우자
3순위 형제자매
4순위 4촌 이내의 방계혈족

4촌 이내의 방계혈족? 어디서 뭐하고 사는지도 모르는 분들이 많은데요. 이분들이 돌아가시면 선순위 상속인들이 상속 포기를 할 때까지 기다렸다가 내 순위가 되었을 때 상속 포기를 해야 한다면 조바심에 똥줄 탈 것 같아요. 이럴 때는 선순위 상속인이 상속포기 했는지 기다리지 않고 후순위 상속인이더라도 그전에 선순위 상속인과 동시에 또는 미리 상속 포기를 신청하셔도 됩니다.

그에 반해 상속 포기가 아닌 한정승인을 한 경우에는 상속 순위에 속한 상속인 한 명이 한정승인을 하면 다음 순위의 사람들은 상속문제와 엮이지 않습니다. 즉, 상속이 종료되는 거죠. 만약 아버지께서 돌아가시고 상속개시가 있음을 안 날로부터 3개월 이내에 빚이 재산보다 많다는 사실을 중대한 과실 없이 알지 못하고 단순승인을 한 경우에는, 상속 포기 신고기간이 지난 경우라도 그 사실을 안 날로부터 3개월 이내에 특별한정승인 신청이 가능합니다. '상속인 금융거래조

회서비스(cmpl.fss.or.kr)'를 통해 고인의 금융채권, 채무, 각종 연금 가입 여부 등의 파악이 가능합니다. 또한 전국 지자체 시, 군, 구청 및 읍, 면, 동 주민센터의 경우 '안심상속 원스톱 서비스'를 통해 상속인 금융거래 조회가 가능합니다. (단, 사망일이 속한 달의 말일로부터 6개월 이내 신청 가능.)

참고로 말씀드립니다. 한정승인 또는 상속 포기를 신청했다고 아버지의 사망보험금까지 받을 수 없는 것은 아닙니다. 대법원에 따르면 "보험수익자의 상속인의 보험금청구권은 상속재산이 아니라, 상속인의 고유재산으로 봐야 한다(선고 2003다29463 판결)"고 합니다. 즉, 보험수익자인 아들(상속인)의 보험금 청구권은 아버지(피상속인)의 재산이 아니라 아들(상속인)의 재산이라는 거죠.

단, 사망보험금도 사망보험금 나름입니다. 교통사고로 사망하여 가해자인 상대방 보험회사가 지급하는 고인에 대한 위자료나 사고가 없었더라면 고인이 미래에 얻었을 것으로 예측되는 소득에 대한 손해액은 아버지(피상속인)에게 지급되었어야 할 금액이므로 아들의 고유재산으로 보는 것이 아니라 아버지의 재산으로 봅니다.

[보험]
인생에 비가 오는 날

파라솔은 필요 없다

며칠 전 보험설계사로부터 기존 보험을 해지하고 새로 보험에 가입하라는 권유를 받은 K씨. 이전에 보험설계사로 일했던 지인 L씨를 만나서 물었습니다. "계약서와 서류 챙겨왔어. 정말 이 보험 별로인지 한번 봐줄래?"

L씨는 대답했어요. "보험계약자는 보험자에게 설명의무가 있고 피보험자, 보험수익자……"

선물 보따리 펼쳐놓듯 암호 같은 보험용어들을 쏟아내기 시작했습니다.

K씨의 분주하게 움직이는 눈동자. L씨가 말하는 단어를 보험계약서에서 찾아봅니다. 답답함이 배가되는 K씨는 파일을 내려놓고 말했

습니다. "그래서 네 말은 해지하라는 거니 말라는 거니?"

최근 취업을 한 P씨. 취업을 하고 제일 먼저 달려와 축하해준 분은 다름 아닌 엄마 친구인 보험설계사였어요. "어휴~ 암보험은 기본이지. 한국인 사망 원인 1위가 암인데, 암보험에 이 정도 들면 나중에 큰 병 걸려도 걱정 없어. 이 돈이면 치료하고도 남을 돈이야. 상해도 중요해. 내가 아는 △△아들은 갑작스러운 사고 때문에 반신마비가 되었는데 보험을 가입 안 해놔서 그 엄마가 얼마나 땅을 치고 후회하는 줄 몰라. 참, 너 연금은 들었니? 연금이 얼마나 중요한데, 노후 준비는 젊었을 때부터 해야 되는 거야."

이런 위험, 저런 위험, 새는 구멍 없이 보장받아야 한다며 내민 보험계약서에 적힌 월 보험료는 월급의 50%가 훌쩍 넘는 금액이었습니다.

'뭐가 뭔지 모르겠는데, 엄마 친구니 알아서 잘해주시겠지 뭐'

결국 보험계약서에 사인한 P씨.

늘 날씨가 좋으면 좋겠지만 그렇지가 않죠. 어떤 날은 흐리고 또 어떤 날은 바람도 불고. 비가 억수로 내리기도 합니다. 회사를 마치고 집에 가려는데 밖에 비가 오고 있다면 어떨까요? 보통은 당혹스러울 것입니다. 가까운 주차장에 차를 대고 온 사람이라면 '뛰어갈까'라고 생각할 수도 있고 지하철역까지 혹은 버스정류장까지 걸어가야 하는 상황이라면 더 난처할 것입니다. 하지만 우산을 챙겨왔다면? 큰 걱정 없이 걸어가면 그만입니다.

우리 인생도 크게 다르지 않습니다. 인생에 비가 오는 날 우산이 되어주는 것. 바로 보험입니다. 보험은 위험을 대비하기 위해 보험회사의 보험상품에 가입하는 것입니다. 불특정의 다수가 보험을 통해 도움을 주고받는 상부상조의 제도라고 할 수 있습니다. 그런데 생활에 부담될 정도로 보험에 가입하는 것은 우산이 아닌 파라솔을 쓰는 격입니다. 비가 오는 날 파라솔을 쓸 필요는 없습니다.

살면서 겪게 될 모든 위험을 보험으로 막으려면 월급을 다 털어 넣어도 부족할 거예요. 그리고 앞으로 돈이 필요한 일들이 너무도 많습니다. P씨는 결혼도 준비해야 하고, 주택 마련에 아이 교육비까지 앞으로 써야 할 돈이 그야말로 첩첩산중입니다. 목돈이 필요하여 보험을 해지해야만 하는 상황이 온다면 지금껏 냈던 보험료에 비해 턱없이 적은 해지환급금을 받을 확률이 높습니다. 그래서 보험은 위험은 보장할 수 있되 부담되지 않을 만큼, 유지할 수 있을 정도로 가입해야 합니다.

내게 맞는 보험에 잘 가입하기 위해서는 먼저 보험용어부터 알아야 합니다. 암호처럼 느껴지는 보험용어? 알고 보면 별것 아닙니다. 보험계약의 관계자 용어부터 살펴보도록 하죠.

보험계약자: 보험료를 내고 만기환급금을 받는 사람

피보험자: 사고 발생한 대상으로 부상자 또는 사망자

보험수익자: 피보험자의 보험사고 발생 시 보험금을 받는 사람

보험자: 보험회사

보험계약의 요소에 대한 용어도 있습니다. 크게 보험료, 보험금, 보험기간, 납입기간, 담보, 가입금액 등인데요.

보험료: 다수의 계약자가 보험회사에 내는 돈
보험금: 보험수익자가 보험회사로부터 받는 돈
보험기간: 보험을 보장받는 기간
납입기간: 보험료를 내는 기간
담보: 저당권 등으로 착각은 금물, 보험에서는 항목 하나하나를 말함
가입금액: 최대한으로 받을 수 있는 보험 금액

예를 드는 게 이해가 빠를 것 같아요. '20년 납, 100년 만기, 암 진단비 3,000만 원'이라면 20년 납은 보험료를 내야 하는 기간을, 100년 만기는 보장받는 기간을 말합니다. 담보는 암 진단이고요, 3,000만 원은 최대로 받을 수 있는 보험금의 한도인 가입금액이 됩니다.

그러면 보험 종류로는 어떤 것들이 있을까요? 크게 사회보험과 개인보험으로 나뉩니다.

· 사회보험
국민건강보험: 국민 질병을 치료하고 재활을 위한 제도
국민연금보험: 노후 소득 보장제도

산업재해보상보험: 산업현장에서 겪을 수 있는 산업재해 보장

고용보험: 근로자가 실직한 경우 재취업 등을 위한 제도

· 개인보험

　생명보험

　손해보험

"잉? 생명보험과 손해보험요? 둘 다 판매하는 것도 있던데요?"

　그렇습니다. 생명보험은 보통은 오래 살 위험(오래 사는 것도 위험이 된다니, 어딘지 모르게 슬픕니다) 또는 사망 시(죽는 건 더 슬프네요)에 필요한 보험입니다. 손해보험은 우연한 사건으로 발생한 손해에 대한 위험을 보장해줍니다. 그런데 둘 다 공통으로 취급하는 것이 있습니다. 제3보험입니다. 제3보험은 질병, 상해, 간병 발병 시 위험을 보장해줍니다.

생명보험	제3보험 (생명보험+손해보험)	손해보험
사망보험 상해보험 질병보험 연금보험	질병보험 상해보험 간병보험	자동차보험 화재보험 배상책임보험 해상보험

연금이란 안정된 노후생활을 하기 위하여 미리 저축하는 제도입니다. 일정 기간 보험료를 내고 일정 시점 이후 지속해서 일정한 금액을 받게 됩니다. 연금은 크게 공적연금과 사적연금으로 나뉩니다.

공적연금: 국가가 운영 주체가 되는 연금

사적연금: 퇴직연금, 개인연금 등으로 개인의 선택에 따라 가입

여기서 퀴즈~ 아빠의 사망에 대비하여 엄마가 아빠의 보험을 계약하였습니다. 그리고 사망보험금은 내가 받도록 하였습니다. 밑줄 그어 연결해봅시다.

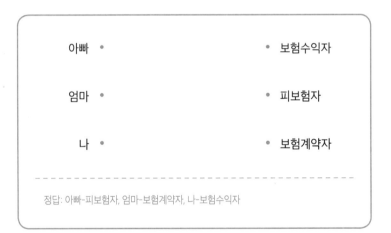

아빠 •		• 보험수익자
엄마 •		• 피보험자
나 •		• 보험계약자

정답: 아빠-피보험자, 엄마-보험계약자, 나-보험수익자

내게 딱! 보험 맞춤

보험에 가입하기 전에 알아두어야 할 사항 몇 가지가 있습니다. 보험상품은 크게 저축성 보험과 보장성 보험으로 나눕니다. 구분 방법이 있습니다.

납입 보험료<만기보험금 →저축성 보험

납입 보험료>만기보험금 →보장성 보험

저축성 보험의 경우, 납입 보험료 100% 원금에 대해 이자를 받는 것이 아닙니다. 보험료 중 사업비 등을 제외한 나머지 금액을 기준으로 이자를 받습니다. 그래서 수익률이 생각보다 낮을 가능성이 큽니다. 또한 초기에 사업비를 많이 공제하므로 중도 해지하면 해지 환급금이 없거나 원금보다 더 적은 금액을 받을지도 모릅니다. 그래서 보험은 보험의 기능으로, 투자는 보험보다는 투자상품으로 따로 관리하는 것을 추천해드립니다.

그러면 보장성 보험은 어떻게 가입하는 것이 좋을까요? 보험료만을 생각한다면 주 계약에 특약을 따로 붙이는 것이 유리합니다. 보장성 보험에 각각 따로 가입한 경우, 주 계약에 특약을 붙인 경우, 각각 보장은 같으나 다른 보험료를 내게 됩니다. 예를 들어볼까요.

	A	B
보장	종신보험 암보험 의료실손보험 ...	주 보험(종신보험) 암 특약 의료실손 특약 ...
총 보험료	20만 원	15만 원

B가 무조건 좋다고 말할 수는 없습니다. 상황에 따라서 다를 수 있어요. 가처분소득이 언제든 바뀔 수 있기 때문입니다. 지금 소득으로는 B를 유지할 수 있지만 앞일은 모릅니다. 향후 소득이 줄어들거나 교육비 등으로 지출이 커져서 보험료를 부담할 수 없다면 종신보험을 해지하는 상황이 생길 수 있습니다.

A의 경우는 부담되는 보험만 해지하고 나머지 보험은 계속해서 유지할 수 있으므로 이런 경우 오히려 장점이 될 수 있습니다.

보험에 대한 권리를 주장하기 위해서는 의무를 이행해야 합니다. 청약서에 사인하기 전 질문표가 있어요. 예를 들면 이런 것들이죠.

'3개월 이내에 의사로부터 진찰·검사를 통하여 진단을 받았거나 그 결과 치료·입원·수술·투약을 받은 사실이 있습니까?'

'최근 5년 이내에 의사로부터 진찰, 검사를 받고 그 결과 입원 수술, 정밀검사를 받았거나 계속하여 7일 이상 치료 또는 30일 이상 투약을 받은 적이 있습니까?'

ⓠ "저는 청약서에 적힌 질문에 사실대로 보험설계사에게 성심성
  의껏 다 이야기했어요. 그런데 보험금을 청구하니 보험금을 줄
  수가 없다고 해요."

Ⓐ 고지(알릴)의무의 수령권자는 보험회사, 보험회사를 대리하는
  보험대리점 및 보험의입니다. 보험의란 보험회사의 위촉을 받아
  피보험자의 건강상태 등을 진찰하는 의사죠. 여기서 눈 뜨고 찾
  아봐도 보이지 않는 한 사람이 있습니다. 바로 보험설계사. 보험
  설계사는 보험자를 대리할 권한이 없습니다. 그래서 설계사에게
  한 말은 무효입니다. 고지는 보험계약 성립 시까지 하면 됩니다.
  그렇다면 고지 위반 시에는 어떻게 될까요? 보험자가 보험을 해
  지하거나 아니면 보험금을 지급할 책임이 없어집니다.

  여기서 퀴즈! 고지의무 위반 시 무조건 보험금을 지급하지 않는다?
  정답은 X입니다. 고지의무를 위반한 사실 또는 위험이 현저하게
  변경되거나 증가한 사실이 보험사고 발생에 영향을 미치지 않았음이
  증명된 경우에는 보험금을 지급할 책임이 있습니다. 즉, 인과관계가
  없다면 보험금을 지급해야 하는 경우가 있을 수도 있다는 뜻이죠.

ⓠ "최근 경기가 너무 안 좋아졌습니다. 그래서 하던 사업을 접어
  야만 했습니다. 그렇다고 산 입에 거미줄 칠 수는 없었어요. 공
  사장에서 일했습니다. 그러다가 그만 사고를 당했어요. 병원에
  서 깁스하고 나온 후 보험회사에 보험금을 청구했어요. 그런데

보험금을 줄 수가 없다고 합니다."

Ⓐ 계약 성립 시까지는 고지의무를, 보험기간 중에는 통지의무가 있습니다. 통지의무는 보험기간 중 보험계약자, 또는 피보험자가 사고 발생위험이 현저하게 변경 또는 증가한 사실을 안 때 등 "계약 후 알릴 의무사항" 발생 시 지체 없이 보험회사에 통지해야 합니다. 그럼 현저하게 위험이 증가한다는 건 어떤 경우일까요? 위와 같은 직업의 변경이나 오토바이를 운전하는 경우 등을 말합니다.

Ⓠ "남편의 사망을 보장하는 보험에 가입하면서 회사일로 바쁜 남편 대신 제가 피보험자란에 서명했어요. 그런데 남편의 서면 동의가 아니라고 보험금을 줄 수 없다고 해요. 왜 그런 거죠?"

Ⓐ 타인의 사망을 담보하는 보험계약에는 보험계약 체결 시 그 타인의 서면(전자서명 또는 공인전자서명)에 의한 동의를 얻어야만 합니다. 왜냐하면 피보험자가 사망 시 보험금이 지급되기 때문에 만약 서면 동의를 받지 않는다면 보험금을 노린 살해 등에 악용될 소지가 있기 때문입니다. 그래서 보험계약 체결 시에 제한을 두는 것입니다. 그렇다면 만약 보험 체결 후에 서면 동의를 받는다면 어떨까요? 혹은 피보험자가 해당 보험계약의 효력을 인정한다면?

둘 다 무효입니다. 계약 체결할 때까지 서면 동의를 받아야 합니다. 같은 이유로 만 15세 미만의 미성년자, 심실상실자 또는 심실박약자의 사망담보 가입은 무효입니다.

자, 그러면 보험은 어떻게 가입해야 할까요? '나'에게 필요한 보험을 유지 가능한 만큼 가입해야 합니다. 여기 한 가정의 가장이 있습니다. 최근 그는 고민이 생겼습니다. '내가 죽으면 우리 가족들 생계는 어떡하지?' 이런 그가 연금보험에 가입하는 게 맞을까요? 아니면 종신보험에 가입하는 게 좋을까요?

보험은 위험에 대한 목적에 맞게 가입해야 합니다. 이 분이라면 연금보다는 종신 또는 정기보험을 택하는 게 목적에 적합할 것입니다.

• • •   목적에 맞는 보험을 선택하기

본인에게 필요한 보험을 선택해보세요.

- ☐ 사망 → 종신보험 혹은 정기보험
- ☐ 노후대비 → 연금보험, 연금저축보험
- ☐ 질병 → 암보험, 질병보험
- ☐ 상해 → 상해보험
- ☐ 자동차 → 자동차보험, 운전자보험
- ☐ 불 → 화재보험

적당한 보험료

소득보다 너무 많은 보험료를 내고 있던 Y씨. 20년 가까이 가까스로 보험계약을 유지해왔지만 더는 보험료가 부담되어 해지하고 말았습니다. 오전에 보험을 해지하고 오후에 병원에 들렀습니다. 그런데 청천벽력과도 같은 소리를 듣습니다. 암일지도 모른다는 것이었어요. 이런 상황에서 Y씨는 보험금을 받을 수 있을까요? 그래도 오전에 해지했으니 괜찮지 않을까요? 20년 가까이 넣었는데.

안타깝지만 해지한 순간부터 보장은 받을 수 없습니다. 보험은 해지하는 순간부터 효력이 없기 때문입니다. 적당한 보험료. 자신에게 부담되지 않는 보험료로 가입해야 합니다. 보험료는 소득의 8~13% 정도가 적당합니다.

어떻게 보험에 가입하는 것이 좋을까요? 먼저 위험은 크게 두 가지로 나눠볼 수 있습니다.

① 발생확률이 ②에 비해 상대적으로 높으나 피해 금액은 적은 위험
② 발생확률이 낮으나 피해 금액은 큰 위험

①의 경우 받을 수 있는 보험금이 100만 원 미만의 경우로 골절진 단담보를 예로 들 수 있습니다. 이런 담보까지 가입하면 받을 수 있는 보험금은 100만 원 이하인 반면 보험료는 올라갑니다. 이 정도 금액은 생활에 불편함을 초래할 금액이 아닙니다. 생활에 위험이 되지 않는 '작은 위험'인 거죠. 이런 경우는 위험을 보유하시다가 혹시나

보험사고가 있을 때 본인의 주머니 속 돈으로 해결하는 것이 부담되지 않는 보험료를 유지한다는 측면에서 나을 수 있습니다.

②의 경우는 우리가 보험으로 보장받아야 할 레알 '큰 위험'이라고 할 수 있습니다. 여기서 의문점 하나가 생길 수 있습니다. "보험 확률도 높고 피해금액도 큰 위험을 보험 가입해야 하지 않나요?" 네, 보험계약자 입장에서는 가장 필요한 보험입니다. 하지만 안타깝게도 보험확률도 높고 피해금액도 높은 위험은 보험 가입 자체가 안 됩니다. 보험사에서 계약을 받아주지 않아요.

보험에 가입하는 방법에 대해서 잠시 살펴볼까요?

셀프보험 설계 방법

이해를 돕기 위해 다음과 같이 생각해보세요.

보험=나무

담보=나뭇가지

1. 손실의 확률은 낮으나 손실액이 큰 위험은 삶의 뿌리를 흔들어 놓을 수 있는 '큰 위험'입니다. 반대로 손실의 확률은 비교적 높으나 손실액이 '작은 위험'은 잔가지에 불과합니다. 잔가지가 많으면 나무가 잘 자랄 수 없습니다. 쉽게 말해, 잔가지냐 아니냐의 기준은 보험금입니다. 100만 원 미만의 잔가지를 잘라냅니다.

2. 이렇게 보면 큰 나뭇가지가 몇 개 남지 않습니다. 암 진단비, 뇌

졸중 진단비, 급성심근경색 진단비, 그리고 질병입원일당담보 등입니다.

"질병입원일당담보는 10만 원도 채 안 돼서 X표 했는데요?"

다시 살리고~ 살리고~ 질병입원일당담보는 따져보면 보험금이 적지 않습니다.

보험금 받고 180일이 끝이 아닙니다. 이후에도 잠시 쉬웠다가 다시 보장받습니다. 하지만 상해입원일당담보의 경우는 그렇지 않습니다. 보통은 180일 한도인 경우가 많습니다.

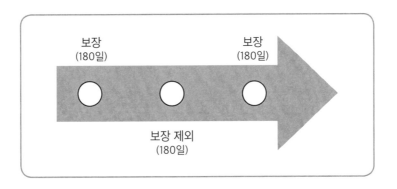

보험료가 부담된다면 받을 수 있는 보험금을 낮추면 됩니다. 만약 암 진단비 3,000만 원에 보험료가 3만 원이라면, 암 진단비 1,000만 원으로 낮출 시에 보험료는 1만 원으로 낮아집니다. 줄 수 있는 물, 보험료에 맞춰서 담보를 조정하면 됩니다.

3. 자, 이제 나머지 담보를 한번 볼까요. 보험료는 얼마 하지 않으면서 보험금은 높은 가지만 남아 있을 것입니다. 가입금액이 높은 나

머지 담보는 보험료가 얼마 하지 않으므로 전부 가입하면 됩니다.

앞으로 우리는 보험료를 잘 내고 우리 인생을 지켜줄 든든한 나무로 키우면 됩니다. 단, 상품마다 보장 내용이 다를 수 있으므로 자세한 내용은 약관을 참조하세요.

보험에서는 다수의 계약자를 대상으로 가입이 이뤄지기 때문에 보험 약관이 보험계약자와 보험자의 약속이 되는 것이지요. 그리고 이 약관은 대부분 비슷한 내용이긴 합니다만 아닌 때도 있을 수 있습니다.

제 취미 중 하나가 약관 보기입니다. 화장실에 앉아서 약관을 보고 있노라면 '이런 상황에는 이렇게 적용되는구나' 하고 신기하기 그지없습니다. 만약 약관을 보지 않았더라면 상해입원일당담보와 질병입원일당담보가 차이가 나는 것을 알 수 없었을 것입니다. 지금 보험 부분을 읽은 분이라면 약관을 읽는 것이 전혀 무리가 없으실 것입니다. 약관, 그냥 지나치지 말고 꼭 읽어보셨으면 좋겠습니다. 무엇을 보상받는지도 모르면서 우리가 힘들게 번 돈을 보험료로 낼 수는 없으니까요.

다시 처음 이야기로 돌아가보겠습니다. 보험설계사가 지금 보험은 별로이니 해지하고 새로 가입하라는 말을 합니다. 이런 경우를 쉽게 접할 수 있습니다. 보험이 좋다고 해서 가입하면 다른 설계사가 더 좋은 보험이 나왔다며 깨고 다시 들라고 합니다. 물론 그럴 수 있을지도 모릅니다만 굳이 보험계약자의 이득을 생각해줄 이유는 없어

보입니다. 아마 보험계약자가 아닌 보험설계사의 이익을 위해서 계약을 권유했을 가능성이 더 크지 않을까요.

보험만큼 이 말이 잘 어울리는 상품은 없는 것 같습니다. "구관이 명관이다."

예를 들어, 이전에 암보험 중 발병률이 높은 유방암 등은 가입금액의 10% 정도로 진단비가 축소된 경우가 있습니다.

보험회사는 보험료를 책정하기 위해 경험생명표를 사용합니다. 경험생명표는 전체 보험 가입자 통계를 기반으로 성별, 연령별 위험(사망률, 사고율) 등을 산출한 자료입니다. 손해율이 높은 질병이나 사고에 대해서는 점차 보장을 축소하거나 혹은 보험료를 인상하는 것입니다. 그래서 이전에 가입한 보험이 같은 보장을 받더라도 보험료가 저렴할 수 있습니다. 같은 보험료라고 할지라도 이전보다 보장이 크거나 보장 범위가 더 넓을지도 모르고요.

이런 경우도 있습니다. 최근 지인이 결혼하면서 태아보험에 대해 물어왔습니다. 5년 만에 보는 태아보험, 깜짝 놀라지 않을 수 없었습니다. 당시 제가 가입했던 보험사의 태아보험이었습니다. 그런데 제가 가입할 때의 입원비에 대한 보험료가 무려 두 배 이상 인상되어 있었습니다. 같은 보장을 받는데 내야 하는 보험료가 두 배 이상 올랐다는 뜻입니다.

그래서 되도록 예전 보험을 유지하는 것이 좋습니다. 때에 따라서 다를 수 있습니다. 가입한 보험을 항목에 맞춰 적어보고 새로운 보험과 비교해보세요.

가입한 보험을 정리해 확인해보세요

상품명					
지금까지 낸 보험료					
앞으로 내야 할 보험료					
해지 시 환급금					
담보사항		납기 (예:20년)	만기 (예:100년)	가입금액 (만 원)	월 보험료 (원)
일반사망					
상해사망					
상해입원일당					
질병입원일당					
암	진단비				
	수술비				
	입원비				
뇌	뇌혈관질환				
	뇌졸중				
	뇌출혈				
심장	허혈성 심장질환				
	급성심근경색증				
실손의료비					
수술비					
기타	골절				
	화상				
	운전자				
	배상책임보험				

보험 리모델링

"아니, 보험에 여러 개 가입했는데 쓸 만한 게 하나도 없어요. 이번에 아파서 병원 갔다 온 후에 보험금을 청구하려고 보니까 받을 수 있는 게 거의 없어요. 가입해 있다고 해도 보상금액도 적고 기분이 뭐 같네요."

이런 경우에는 보험 리모델링이 필요할 수 있습니다.

① 보험 가입 상태 전

종신보험, 정기보험, 질병보험, 상해보험, 실손보험, 어린이보험 등 기혼이라면 가족별로, 미혼이라면 개인의 보험 가입 상태를 확인하세요.

② 보험료가 소득의 어느 정도인지 확인

가입한 보험의 총 보험료가 부담되지 않는 정도(소득의 8~13%)인지 확인해보세요.

③ 각 담보에 해당하는 가입금액과 보험료 등을 적어 비교해보고 과하게 중복으로 가입된 특약 등은 정리하기

최근 회사가 어려워져 이직한 A씨. 보험에 가입할 당시만 해도 보험을 유지할 수 있는 소득이었습니다. 소득이 높았기 때문입니다. 하지만 이직 후 소득이 많이 줄었습니다. 그런데 아이들 교육비는 점점 늘고 삶이 너무 팍팍합니다. 보험료를 내기가 힘에 부칩니다. 해지하고 부담되지 않는 정도로 새로 보험에 가입하자니 그때보다 보장이 훨씬 적을 것 같아서 망설여집니다.

보험을 해지하지 않아도 되는 다른 방법이 있습니다. 보험료를 정할 때 보험금을 낮추면 보험료가 저렴해지듯 기존 보험 역시 보험료를 낮추고 보험금도 낮출 수 있는 제도인데요. 바로 '감액제도'입니다. 사망보험금을 1억 원에서 5,000만 원으로 줄이는 것이지요. 그러면 보험료 역시 20만 원에서 10만 원으로 줄어들 수 있습니다.

참고로 보험설계사 등의 부당한 권유로 기존에 혜택이 빵빵했던 보험계약을 해지하고 보험계약자에게 불이익을 주는 새로운 보험계약을 청약하게 하는 경우(승환계약), 보험계약자가 기존 보험계약이 해지된 날로부터 6개월 이내에 소멸된 기존 보험계약을 부활시키고 새로운 보험계약을 취소할 수 있습니다. (단, 기존 보험계약자와 피보험자가 같고 위험보장의 범위가 유사해야 합니다.)

착한 보험 특약, 가족일상생활배상책임보험

"헬스를 마치고 어묵국물을 먹다가 그만 옆 사람에게 쏟아버렸어요. 정말 미안하고 죄송합니다."

"잠시 집을 비운 사이 아이들이 산책을 시킨다며 허락도 없이 강아지를 데리고 나갔어요. 그런데 강아지가 다른 아이를 물었다지 뭐에요. 저도 속상한데 그 아이 엄마는 얼마나 속상할까요. 너무 미안하네요."

"아랫집에서 올라와 벨을 눌러 무슨 일인가 했죠. 집에 사는 사람이라곤 저뿐이니 층간소음 때문은 아닐 테고. 그런데 이게 웬일인가요. 우리 집 보일러가 터지는 바람에 아랫집 천장에 물이 뚝뚝 떨어지네요. 생각지도 못했어요."

"회사 동료 노트북을 들어주다가 떨어뜨렸어요. 잘해주려고 한 일이 그만, 매우 미안하게 돼버렸네요. 배상을 해줘야 마음이 좀 편할 것 같습니다."

"시골에서 살다가 직장 때문에 서울로 오게 됐는데요. 전 이전까지는 대한민국이 소수민족인 줄 알았거든요. 근데 여기 오니까 공기마저 부족한 느낌이에요. 사람이 정말 많습니다. 그런데 길을 걷다가 지나가는 사람 손이랑 부딪히는 바람에 그 사람 휴대전화가 바닥에 떨어져서 부서졌지 뭐에요ㅠㅠ"

"아침마다 짜증이 바가지에요. 왜 이렇게 아파트 주차공간이 부족한지 말이죠. 이중주차된 차들도 많습니다. 저도 늦게 오는 날에는 어쩔 수 없이 이중주차를 하고요. 그런데 이중주차된 차를 밀다가 그만 앞차를 박아버렸네요. 이건 운전하다가 사고 난 것도 아니라서 보험도 안 될 것 같은데 큰일이네요."

이 모든 걸 월 1,000원 이하의 보험료로 배상해주는 보험이 있다면 믿으시겠습니까? 네, 있습니다. 바로 가족일상생활배상책임보험입니다. 생활 속에서 다른 사람 혹은 다른 사람의 재산상 피해를 준 경우에 따른 손해를 보상해주는 보험입니다. 나뿐만 아니라 내 가족이 다른 사람에게 피해를 준 것도 보상받을 수 있어요. 가족의 범위는 어떻게 되는 걸까요? 가족관계등록부상 또는 주민등록부상 배우자, 미혼 자녀, 생계를 같이하는 동거 중인 동거친족.

보장받을 수 있는 건 재물 손해 및 배상책임뿐만 아니라 소송비용, 변호사비용, 중재 또는 화해, 조정 비용까지 가능합니다. 그런데 대물 사고의 경우 20만 원의 자기부담금이 있습니다. 참고로 다 보상해주는 건 아니에요. A가 B의 돈을 갚지 않았는데 B가 다른 사람을 고용하여 A를 때렸어요. 이럴 때도 가족일상생활배상책임으로 보상을 받으면 이건 이상하잖아요. 누가 봐도 아닌 거잖아요. 맞습니다. 다 보상해주는 건 아니에요. 보상하지 않는 예도 있습니다.

· 피보험자 또는 피보험자의 지시에 따라 싸워서 상처를 입혔을 때
· 계약자 또는 피보험자의 고의로 피해를 준 경우
· 보험증권에 기재된 주택을 제외하고 피보험자가 소유, 사용, 관리하는 부동산

· 지진, 분화, 해일 또는 이와 비슷한 천재지변으로 발생한 배상책임 등

주의할 것이 여러 보험사의 보험을 중복으로 가입했다 하더라도 실제 손해배상금 내에서만 보장을 받을 수 있어요. 다만 두 개의 가족일상배상책임보험에 중복으로 가입하면 보상한도가 늘어난다는 점. 가령 각 1억 원의 일상생활배상책임보험 두 개에 가입한 상태에서 손해배상금(치료비)이 1억 8,000만 원이라면 각각의 회사로부터 9,000만 원씩 보장받는 거죠.

'제가 가입되어 있는지 아닌지 모르겠어요.' 그럴 수 있어요. 손해보험사에 계약한 적이 있다면 보험증권을 확인해보시면 됩니다. 보험사 고객센터로 전화문의도 가능합니다. 금융소비자정보 포털사이트인 '파인(fine.fss.or.kr)'에서 가입 여부를 확인할 수 있습니다. 참고로 이사 후에는 바뀐 주소를 보험회사에 알려야 합니다. 그래야 주택 관련 배상책임을 보장받을 수 있습니다. 가족일상생활배상책임보험은 보험증권상 주소지 주택의 소유·사용·관리 중에 발생한 배상책임만을 보상하기 때문이죠.

보험 FAQ

Ⓠ⒬ 직장생활 한다고 정신없이 바쁘네요. 예전에 병원에 다녀온 후 보험금 청구할 게 있었는데 계속 미루다가 지금에야 생각났어요. 보험금 청구 기간이 2년으로 알고 있는데 못 받는 거 아닌지 모르겠어요. 보험금 청구할 때 뭐 있으면 되는지도 잘 모르겠고요.

Ⓐ 2015년 3월 21일 이후 사고는 보험금 청구 기간이 기존 2년에서 3년으로 변경되었습니다. 그래서 3년 이내라면 보험금을 청구하시면 될 것 같고요. 보험금 청구 시 기본적으로 있어야 할 서류는 다음과 같습니다. ① 보험금청구서, ② 개인(신용)정보처리 동의서, ③ 신분증 사본. 그 외 입원비인지 통원비인지 수술인지 실손보험금인지에 따라서 갖춰야 할 서류가 다르므로 가입한 보험사로 전화하면 친절하게 안내받을 수 있습니다.

Ⓠ 보험계약을 했는데요. 아무리 생각해도 좀 아닌 것 같아요. 그래서 취소하고 싶은데요. 가능할까요?

Ⓐ 청약철회를 하면 됩니다. 청약철회란 보험청약을 철회하는 것. 보험계약을 하기 싫을 때, 냈던 보험료 그대로 돌려받으면서 계약 취소할 수 있는 제도죠. 그런데 기간에 제한이 있어요. 보험증권 받은 날부터 15일 이내에요. 하지만 청약을 한 날부터 30일을 초과하면 안 돼요. 만약 11월 1일에 청약을 하고 보험증권을 21일에 받았다면 청약철회 가능 기간은 11월 1일부터 30일 이내

인 11월 30일이 되겠죠. 단, 모든 보험상품이 청약철회를 할 수 있는 건 아니에요. 건강진단을 받아야 하는 진단계약, 보험기간이 1년 미만인 단기보험, 단체보험계약 등은 청약을 철회할 수가 없어요.

Q 최근에 '갱신형 암보험'에 가입했어요. 다른 것보다 보험료가 가장 적더라고요. 보험료가 저렴하니까 괜찮은 거겠죠?

A 보험의 유형으로 갱신형과 비갱신형이 있어요. 갱신형은 뭔가 4차 혁명에 어울릴 것 같고 비갱신형은 어감이 어딘지 모르게 구리지만 실제로는 비갱신형을 추천해드리고 싶어요. 비갱신형은 처음 가입할 때는 갱신형보다 보험료가 비싸 보이지만, 가입 당시 낸 보험료와 만기까지 내는 보험료가 똑같아요. 만약 20년 납, 100세 만기, 보험료가 5만 원이라면 20년 동안 매달 5만 원씩 내면 돼요. 그리고 보장은 100세까지 받고요.

그런데 갱신형은 보험료가 싸요. 싼 게 빚이라는 명품용어는 여기서도 통합니다. 정해진 기간이 되면 보험료가 갱신돼요. 즉, 이후에 보험료가 오를 수 있다는 말이에요. 처음 보험료는 2만 원이었는데 일정 기간이 지나면 8만 원이 될지도 모른다는 거죠. 심지어 만기까지 보험료를 내야 해요. 100세 만기라면 100세 납. 만기인 100세까지 보험료를 내야 한다는 말이죠. '말도 안 돼, 그럴 리 없어!'라고 생각하실 수도 있어요. 하지만 저를 전적으로 믿으셔야 합니다.

그러면 '비갱신형은 착한 친구, 갱신형은 나쁜 아이'일까요? 상황에 따라서 그렇지만은 않습니다. 연세가 많으신 분들에게는 갱신형이 유리한 때도 있습니다. 예를 들어 가입하시는 분 연령이 65세라면 15년 만기 갱신형이 나을 수도 있습니다. 초기 부담료 부담이 적고 만기인 80세 때 갱신 여부를 선택할 수도 있습니다.

ⓠ 보험료를 넣기에 사는 게 너무 팍팍합니다. 꼭 필요한 보험 한 가지를 추천하자면 무엇이 좋을까요?

ⓐ 실손의료보험입니다. 예전에는 저도 '실손의료보험이 진짜 필요할까?'라는 의문을 가졌었어요. 하지만 지금은 맞고 그때는 틀린 것 같습니다. 보험계약자 입장에서 볼 때 실손의료보험이 가성비 갑인 것 같아요. 다치거나 아플 때 실제 나간 의료비에서 1만 원에서 2만 원(의료비의 20%가 더 크면 20%)을 빼고, 80~90%를 돌려주는 보험입니다. 받을 가능성이 제일 크고, 누구에게나 필요하다고 할 수 있어요. 실손의료보험 하면 비싸지 않나요 하고 생각하지만 No! 단독실손의료보험은 저렴합니다. 1990년 8월 1일생의 경우 2019년 10월 1일 현재 조회해본 결과 가장 저렴한 보험료 기준 남자 8,475원, 여자 9,994원으로 만 원도 안 해요.

단독실손의료보험 가입경로: 금융감독원-금융상품한눈에-실손의료보험

3부

100세 시대를 준비하는 재테크

습관이 곧 돈이다

돈과 시간의 공통분모

우리는 살아가기 위해서 돈을 씁니다. 여기 Y씨가 돈 쓴 내용을 시
간별로 한번 살펴볼까요.

7:00 해장국 8,000원

8:00 커피 5,000원

12:30 커피 5,000원

19:30 주유 8만 원

20:00 영화 2만 2,000원

23:50 와인바 15만 원

아침부터 해장국이네요. 전날 과음을 했나 봐요. 커피를 마신 뒤 오전, 오후 시간에는 소비가 따로 없습니다. 회사일을 하고 있을 것 같고요. 저녁에 영화와 와인바에서 돈을 쓴 걸 보면 왠지 데이트를 한 것으로 보이는군요. 이처럼 하루 동안 돈 쓴 내용을 보면 Y씨의 삶을 엿볼 수 있습니다. 즉, 돈을 어떻게 쓰느냐가 그 사람의 삶을 보여줍니다.

Y씨가 '아, 이제부터 돈 관리 잘해야겠다'고 생각만 한다면 정말 돈 관리를 잘할 수 있을까요? 한 달에 매달 10만 원 이상 지출을 줄여야겠다고 목표를 세우는 건 어떨까요? 생각만으로, 목표를 정하는 것만으로 10만 원 이상의 지출을 줄일 수 있을까요? 정답은 X입니다. 삶이 바뀌지 않으면 목표는 영원히 이룰 수 없습니다. 돈 관리 이전에 삶을 바꿔야 합니다.

삶, 즉 행동이 바뀌어야 돈 관리 습관을 바꿀 수 있습니다. 소비는 삶 그 자체입니다. 삶을 통제하는 것이 곧 자기 관리입니다. 자기 관리에서 시간 관리가 무엇보다 중요합니다. 시간은 소비한다는 측면에서 돈과 비슷해 보이기도 합니다만, 시간과 돈은 많은 차이점이 있습니다.

돈	시간
· 돈은 벌 수 있다. · 돈이 많을 때 저축이 가능하다. · 타인에게 빌릴 수 있다.	· 지나간 시간은 돌아오지 않는다. · 시간이 많을 때 모아둘 수 없다. · 빌릴 수 없다.

Q

• • •

위에 적힌 예 말고도 다른 의견이 있다면 적어보세요.

돈과 시간 중 무엇이 더 중요할까요?

돈에 관한 인생 이야기를 해보자

식비에 돈을 아끼지 않는 C씨. 스스로 많이 먹는다는 사실도 알고, 식비가 많이 드는 것도 알고 있지만 줄일 마음은 없습니다. 어릴 적 형제 많은 집에서 가난하게 자란 C씨는 늘 배가 고팠거든요. 그는 어릴 적 늘 생각했어요. '나중에 돈을 많이 벌면 먹고 싶은 것 다 먹을 거야.' 그런 그에게 음식은 성공, 그 자체입니다.

수도 광열비에 돈을 아끼지 않는 K씨. 어릴 적 아버지의 사업 실패로 컨테이너에서 살았습니다. 추울 때는 너무 춥고, 더울 때는 미치도록 더웠죠. 성인이 된 K씨는 다른 물건을 살 때는 곰곰이 생각하고 사지만 수도 광열비만큼은 그렇지 않습니다. 여름에는 에어컨을 빵빵하게, 겨울에는 보일러를 짱짱하게 틀죠. 수도 광열비가 많이 나오는 건 알고 있지만 줄이고 싶은 생각은 1도 없습니다.

이처럼 돈에 관한 주제로 대화하다 보면 자연스럽게 인생 이야기로 넘어가고는 합니다. 우리도 과거로 한번 돌아가볼까요? 다음 표를 보고 막막해할 당신을 위해서 예를 들어볼게요.

기억에 남는 순간이 있나요?(10점 만점)			
언제	사건	만족도±	이유
대학생	아버지의 실직	-4	경제적으로 힘든 시기였다.
2013.4	퇴사	+5	앗싸, 나는 자유다!
2013.5	퇴사 한 달 후	-7	월급이 아쉽다.

언제	사건	만족도±	만족도에 대한 이유

시간을 투자하다

　돈과 마찬가지로 시간 또한 그것을 어디에 쓰느냐를 보면 그 사람의 삶을 엿볼 수 있습니다. 지금 당신의 인생은 어떤가요? 처음에는 년, 월, 주, 일로 나눠 적어보려고 많은 양의 표를 준비했습니다. 하지만 두려웠어요. 적을 게 많으면 저 같아도 책을 덮을 것 같거든요. 그래서 간단한 워크시트로 바꿨습니다. 워크시트를 적기에 앞서 어떻게 적는지 예를 볼까요.

　　살면서 많은 시간을 쓴 일
　　① 돈 공부
　　② 다양한 경험
　　③ 밤새 게임

　제가 살면서 가장 많은 시간을 투자한 것은 단연 '돈 공부'입니다. 고등학교 시절 『한국의 e짠돌이』를 보며 짠테크의 매력에 빠져들기 시작합니다. 대학생 시절 형광펜 들고 경제신문을 정독했고, 강의가 없을 때는 도서관에서 주식, 펀드 책을 보며 미친 듯이 돈 공부를 했어요.

　지금도 그때와 크게 다르지는 않습니다. 여전히 매일 경제신문을 읽고, 스크랩하고, 이제는 경제지식뿐 아니라 법률지식까지도 공부의 분야를 넓혔습니다. 현실적인 정보를 제공할 수 있을 정도로 끊임

없이 공부합니다. 그래서일까요. 제게 가장 익숙한 공간은 바로 스탠
드 불빛이 환하게 비치는 1평 남짓한 책상입니다.

투자한 일에 대해 점수를 준다면?
① 8점. 돈 공부를 하지 않았더라면 지금의 금융교육 전문가도 없었을 것
   이므로.
② 9점. 난 뭘 해도 먹고살 자신이 있어요.
③ 4점. 게임은 시간낭비라고 생각했는데, 경제 보드게임 만드는 데 빛을
   발하고 있습니다.

살면서 시간을 투자한 일이 있나요? 있다면 무엇인가요?
①
②
③

투자한 이유를 써보고 점수를 매겨보세요			
순위	투자한 일 ①~③	이유	점수
1위			
2위			
3위			

행복한 노후

나의 노후 필요자금

금융회사에서 오랜 기간 근무하다 퇴직한 G씨. 평생 꿈꿔왔던 은퇴 이후의 삶이 시작되었습니다. 서울을 떠나 어릴 적 자랐던 고향으로 돌아와 텃밭을 가꿉니다. 예전에는 눈여겨보지 않던 꽃을 보고, 벌꿀 친구들을 봅니다. 해가 뉘엿뉘엿 질 때까지 전망 좋은 카페에 앉아 하염없이 밖을 바라보기도 합니다. 직장에 다닐 때는 생각도 못한 음악회. 이제는 하모니카도 배우고 음악회 연주를 하러 다닙니다. 오늘은 친구와 함께 식사를 하기로 했습니다.

먼저 노후의 삶을 생각해봐야 합니다. 노후의 삶에는 무엇이 있을까요?

헬스/ 등산/ 골프/ 친구 모임/ 계모임/ 종교활동/ 맛집 탐방/ 봉사활동

1년에 한 번 특별한 여행을 간다든지 아니면 건강검진을 받는다든지 연간 행사도 생각해봐야겠죠. 노후자금은 지금 쓰는 생활비 항목과는 달라질 수 있습니다.

현재 한 달을 살기 위해서 필요한 금액에서 나이가 들면 필요치 않은 항목에는 무엇이 있을까요?

· 그때쯤 되면 대출금을 다 갚았을 가능성이 크므로 대출 원리금

· 아이가 성인이 되어 독립하였을 것이므로 교육비

· 아이가 성인이 되어 따로 살 확률이 높으므로 식비

· 지금만큼 패피(패션피플: 옷을 잘 입는 사람)는 아닐 것이므로 의류비 등

그에 반해 늘어날 지출은?

· 병원에 다닐 횟수가 잦아질 가능성이 크므로 병원비, 약제비

· 친목모임 비용

· 취미생활비, 문화비 등

유독 노후자금이 얼마 필요한지에 대한 정보를 찾기는 어려웠습니다. 어떤 기관은 20억이, 어떤 이는 10억이 필요하다고 말합니다. 언론매체의 보도에 의하면 약 3,000명을 대상으로 조사한 결과 필요 은퇴자금으로 월평균 226만 원 정도를 희망했다고 합니다. 하지만 이

것은 3,000명이 희망한 금액이고요. 사람마다 씀씀이가 다르듯 필요 노후자금 역시 다릅니다.

Q

노후의 비재무적 목표 계획하기

퇴직 나이

| 본인: ( )세 | 배우자: ( )세 |

노후, 한 달 필요생활비는?

필요 노후자금은?
필요생활비×12개월×(100세−은퇴 시점)
예) 최소 필요생활비 200만 원×12개월×40년=9억 6,000만 원

퇴직≠은퇴

부동산, 예금 등 유형자산을 모으는 것은 중요합니다. 저축해야 급한 돈이 필요할 때, 돈을 벌지 않을 때 생활비로 쓸 수 있기 때문입니다. 여유자금으로 투자하여 돈을 불려가는 것 또한 중요한 과제일 수 있습니다. 그런데 그것으로 전부일까요? 금융투자만으로 노후를 여유롭게 보낼 수 있을까요? 수명이 조선시대처럼 길지 않다면 가능할지도 모르겠습니다.

만약 우리가 하루만 산다면 저축할 필요도 없으며 "오늘만 산다! 있는 돈 다 쓰고 죽어야지!"라며 외치는 것이 가장 합리적일 것입니다. 하지만 우리는 하루만 살지 않습니다. 옛날처럼 수명이 길지 않아 금융자산만으로 살다가 갈 수 있는 것도 아닙니다.

100세 시대입니다. 지금까지 살아온 시간보다 살아갈 시간이 훨씬 많이 남았을 것입니다. 퇴직 후 당신은 무엇으로 지출을 감당하실 건가요? 이자 같은 재산소득? 연금? 아니면 나라로부터 받는 이전소득? 그것도 아니면 직장생활 때 차곡차곡 모아놓은 예금이요? 60세에 은퇴를 한다면 남은 40년 동안 혹은 그 이상의 시간 동안 곶감 빼먹듯 그 돈만 바라보고 살 수 있을까요?

앞서 노후자금에 대해서 계산해보았을 것입니다. 예를 들었던 필요 노후자금은 '생활비 200만 원×12개월×40년' 총 9억 6,000만 원이었습니다. 이 금액을 마련하는 방법을 찾기 위해서 노력해야 하는 걸까요? 아니면 이를 월 단위로 생각하여 월 200만 원의 노후생활비를 버는 방법을 찾는 것이 나을까요? 후자가 훨씬 현실적인 방법이 될 수 있습니다.

100세를 준비하는 퇴직 방법. 아이러니하게도 그것은 소득 자체를 올리는 방법, 즉 은퇴하지 않는 것입니다. 직장을 그만두는 퇴직과 일을 그만두는 은퇴는 다릅니다. 직장을 그만두어도 계속해서 일하는 것이 중요합니다.

직장인들을 대상으로 재무설계 강의를 진행할 때입니다. 마치는 시간이 거의 다 되어갈 때였습니다. 연금에 대한 뉴스 영상을 보여준 뒤 말했습니다. "100세 시대, 최고의 노후 준비는 더 오래 일하는 것입니다."

그러자 여기저기서 깊은 한숨소리가 터져 나왔습니다. 회사일을 오래한다면 저 역시 같은 반응일 것입니다. 제가 회사에 다닐 때는 월요일이면 '도살장에 끌려가는 소'를 코스프레했었습니다. 무척 가기 싫었어요. 회사에 다니면서 제일 즐거운 시간은 일을 마치고 집으로 돌아오는 시간이었습니다.

한번은 꽤 직설적인 친구에게 상담을 받은 적이 있습니다. "왜 나는 이 일이 힘들까? 일이 즐거울 수는 없을까?"

친구는 대답했습니다. "일이 힘드니까 돈을 주지. 일이 즐거우면 오히려 네가 돈을 줘야 할걸?"

하지만 시간이 지나고 많은 일을 해본 뒤에야 친구 말이 꼭 정답은 아니라는 것을 알았습니다.

저는 말하는 것을 좋아합니다.

돈을 좋아합니다.

금융지식이 있습니다.

→ 그래서 돈에 대해서 말하는 강사가 되었습니다.

이제는 일을 마치고 오는 시간도 즐겁지만, 일을 하러 가는 시간이 오히려 더 즐겁습니다. 사람들에게 돈 이야기를 해주고 그 사람들의 삶이 조금이라도 윤택해짐을 느낄 때, 이 일을 하기를 잘했다는 생각이 듭니다. 청소년들에게 기업가 정신에 관해 설명해주고 함께 미래를 설계할 때면 세상을 위해서 뭔가 하고 있다는 생각도 듭니다. 사람들 앞에서 말하는 것을 싫어하는 분은 이 일이 즐겁지 않을지 모릅니다. 즐거움을 느끼느냐 마느냐는 주관적인 것이니까요.

생각의 전환이 필요합니다. 돈을 벌기 위해서 일을 하는 것이 아니라, 좋아하는 것을 할 뿐인데 돈까지 따라오는 시스템을 만드는 것! 월요일 아침, 사직서를 품지 않아도 되는 일은 무엇일까요? 바로 노는 것입니다. 즐기면서 할 수 있는 일을 택해야 합니다.

그럼 대책도 없이 퇴직 후에 바로 좋아하는 일로 돈을 벌 수 있을까요? 그렇지 않습니다. 플랜B를 늘 준비하고 있어야 합니다. 좋아하는 것으로 돈까지 벌 수 있는 계획을 준비해야 합니다. 어떤 일을 직업으로 택해야 할까요?

· 좋아하는 일

· 잘할 수 있는 일

· 사회가 원하는 일

내가 무엇을 좋아하는지 모르겠다고요? 차근차근 단계를 밟아가면 무엇을 좋아하는지, 무엇을 잘하는지, 그리고 어떤 새로운 일을 할 수 있을지에 대한 나만의 답을 찾아갈 수 있을 겁니다.

Q

내가 좋아하는 일

내가 잘할 수 있는 일

사회가 원하는 일

잘하면 좋겠지만

자신의 강점을 찾아보는 시간을 가져볼게요. 강점은 장점과는 다릅니다. 다른 사람에게 없거나 부족한 면을 갖추고 있는 점입니다. 예를 들면, 유머력. 대화형 유머에 강하다는 것. 그건 아무에게나 없는 특별한 재능이죠. 유머가 무슨 재능이냐고요? 말을 잘하는 사람에게는 '위트'가 있습니다. 그리고 말하는 일을 하는 사람에겐 유머력은 곧 생명력이 될 수도 있습니다. 작은 부분도 어떤 점에서는 강점이 될 수 있어요.

계산기를 자유자재로 다룰 수 있는 것, 쓸데없어 보일지 모릅니다. 하지만 은행에서 수신업무를 다루는 사람에게는 강점이 될 수 있습니다. 사소해 보이는 약간의 차이가 업계에서 최고를 만들 수 있죠. 하지만 사실 잘하는 것은 머릿속에 잘 떠오르지 않습니다. 오히려 그 반대죠.

학교 다닐 때 저는 공부를 못했어요. 선생님들은 저를 보고 궁금해하셨죠.

"얼굴은 공부를 잘하게 생겼는데, 왜 성적은 이 모양일까?"

반면 저는 그런 선생님들을 보면서 의문을 가졌습니다.

'대체 공부 잘하게 생긴 얼굴은 어떤 얼굴인가요?'

Q

무엇을 잘하는지 생각해보고, 자유롭게 적거나 그려보세요.

살면서 내가 가장 자랑스러웠을 때는 언제인가요? 아주 사소한 것도 좋습니다.

누군가로부터 칭찬을 들었던 적이 있나요? 무엇이었나요?

위의 질문을 바탕으로 자신의 강점을 적어보세요.

못하는 건 인간미

장점을 적어보라고 하면 많은 분들이 주저합니다. 그러고는 잘 모르겠다고 합니다. (타인이 볼 때는 정말 많은 장점이 있음에도 그렇게 얘기합니다. 겸손일까요? 모르겠습니다.) 좋습니다. 그러면 단점을 적어보세요. 단점을 적는 게 훨씬 쉬울지 모릅니다. 예를 들어볼까요.

산만하고 가볍다

초등학생 시절부터 지금까지 베프인 친구가 그런 이야기를 한 적이 있습니다. "너는 진지한 적이 한 번도 없었다." 맞아요. 가벼울 대로 가볍습니다. 제가 가장 존경하는 인물 중 한 분이 바로 '주성치'입니다.

큰 광대뼈

하늘로 승천할 기세의 광대뼈를 가지고 있습니다. 학창시절 얼평(얼굴 평가)을 하는 친구들이 몇 명 있었습니다. 가장 많은 지적(?)을 받은 부분이 얼굴 크기였어요. 세로는 정상인데 가로가 너무 넓다는 거지요. 광대뼈가 크기 때문에 그런 것 같다는 합리적인 이유까지 찾아주면서요.

포기가 빠름

공식적(?)으로는 직장을 두 번 옮겼습니다. 하지만 그 외에도 정말 다양한 일을 했습니다. 전단 돌리기, 공장에서 TV 생산, 팬시점에서 물건 정리, 아기 돌보기, 학원 선생님, 동사무소 아르바이트 외에도 자질구레한 것들이 너무 많아서 기억에 혼선이 올 정도입니다. 위에 열거된 일들의 공통점이 있습니다. 바로 얼마 안 했다는 거죠. 하다 아니다 싶으면 수시로 포기했어요.

Q

나의 단점은 무엇인가요?

①

②

③

동전의 양면

살다 보니 느낍니다. 모든 일은 동전의 양면처럼 두 가지 면을 가지고 있다는 것을요. 단점은 어떻게 바라보느냐에 따라서 큰 장점이 될 수 있습니다.

산만하고 가볍다

'경제', '금융' 하면 딱딱하고 재미없다는 게 사람들이 가지고 있는 일반적인 생각. 하지만 제 경제 강의는 다릅니다. 강의를 마친 후 다양한 피드백을 받습니다.

"경제라고 해서 지루할 줄 알았는데 너무 재미있었어요."

"다른 수업에서는 집중을 잘 못 하는 친구인데 이렇게 끝까지 잘 듣는 모습을 보니 너무 놀라워요."

한 고등학생 친구들은 수업을 마친 뒤 "올해 들은 강의 중에 최고로 재밌었어요!"

공무원, 교직원, 학부모, 직장인 등을 대상으로 빠짐없이 나오는 피드백 결과는 바로 '유쾌하고 재미있다'입니다. 산만하고 가볍다는 건 긍정적으로 바라보면 '유쾌하고 즐겁다!'

큰 광대뼈

강의를 하는 사람은 강의 내용뿐 아니라 교수법, 아이스브레이킹 방법, 강의 구성법, 스피치 연습까지 생각보다 훨씬 광범위한 교육을 주기적으로 받습니다. 어느 겨울, 연수를 받으러 간 날이었어요. 그날은 보이스 트레이닝을 위해서 아나운서 출신의 강사님께서 오셔서 말씀하셨습니다. "광대 안에는 무엇이 있을까요?"

저는 자신 있게 외쳤죠. "살이요!"

강사님께서는 황당한 표정을 지으시며 대답했습니다. "광대뼈 안에는 공간이 있습니다. 그리고 이 광대뼈는 우리 목소리의 스피커 역할을 합니다."

그러고는 저를 보고 "타고난 스피커"라며 칭찬을 해주시는 게 아닌가요. 저는 그날 이후로 제 광대뼈를 사랑하게 되었습니다.

포기가 빠름

포기한 일이 많다는 건 다르게 말해서 그만큼 도전한 횟수도 많다는 것 아닐까요? 저는 도전적인 사람입니다. 이처럼 어떻게 긍정적으로 해석하느냐가 중요합니다.

저의 단점은 이랬습니다만, 다른 분들은 다를 수 있겠죠. 예를 들어볼까요?

말주변이 없어서 필요한 말만 한다.
긍정적으로 보면→진중하시네요.

자, 그럼 이제 100% 긍정적인 시선으로 위에 적힌 단점을 장점으로 바꿔서 적어보겠습니다.

단점을 장점으로

①

긍정적으로 보면 →

②

긍정적으로 보면 →

③

긍정적으로 보면 →

돈 되는 취미

한때 제 취미는 게임이었어요. 4일 밤낮으로 게임을 하다가 기절한 적도 있어요. 이러다 죽겠구나 싶었어요. 그런데도 게임을 끊지는 못했어요. 앞서 얘기했듯이 용돈기입장을 쓰면서 게임을 끊었죠. 게임을 하고 나면 뭔지 모를 허전함이 남았습니다. 게임에서는 최강 캐릭터인데 현실은 아니었기 때문이었을까요.

이후로는 뭔가 남는 것이 있는 취미생활을 하고자 노력했어요. 책을 읽으면 지식이 남고, 그림을 그리면 작품이 남듯이 말이죠. 무엇보다 제 가장 큰 취미는 '돈 공부'입니다. 그리고 제가 공부한 금융지식은 다른 사람들의 삶을 윤택하게 만들어주는 직업을 만들어주었습니다. 바로 '금융교육 전문강사'죠. 우리의 목표는 가장 좋아하는 일을 돈이 되는 수준까지 잘해서 가장 좋아하는 일로 돈까지 버는 것입니다.

저는 미래에는 화가도 되고 싶어요. 실현 가능성이 0이면 어때요. 꼭 할 수 있는 것만 꿈꾸라는 법은 없잖아요. 정리해보자면, 다음과 같습니다.

취미: 돈 공부

발전 가능한 직업: 금융교육 전문강사

미래에 해보고 싶은 일: 화가

오늘 내가 할 일: 돈 공부

나의 취미는 무엇인가요?

나의 취미를 기반으로 발전 가능한 직업은 무엇인가요?

미래에 해보고 싶은 일, 그동안 상상만 하던 일을 적어도 좋습니다.
실현 가능성이 0이어도 좋아요. 마음껏 자유롭게 적어보세요.

노오력?

저는 강의를 계속하고 싶어요. 그런데 제가 하고 싶다고 해서 할 수 있는 것은 아니에요. 들어주는 사람이 있어야 가능하죠. 들을 만한 가치의 이야기를 하는 것, 실력을 키울 수밖에 없습니다. 돈에 대해서 끊임없이 공부하는 수밖에요. 근데 그 공부가 참 재미있어요. 흥미로워요. 사람들한테 돈 되는 정보에 대해 말해줄 수 있다는 게, 누군가의 삶 그 자체에 도움이 될 수 있다는 게 무척 행복하고요.

저는 죽기 전에 꼭 이루고 싶은 것이 있었습니다.

· 책을 내고,
· 인터넷 포털 사이트에 이름을 검색하면 제 사진이 뜨고
· 강연하는 것

꿈만 같은 일이었죠. 하지만 꿈을 이루는 방법은 간단했습니다.

· 펜을 들고 종이에 적는다. 컴퓨터에 옮겨 적는다. 출판사에 보낸다.
· 블로그를 만든다. 내 이름을 적는다. 사진을 올린다.
· 강사 명함을 만든다. 뿌린다. 강의 의뢰가 들어오면 강의를 한다.

성공하려면 노력하라고 합니다. 하지만 '노오력?' 이 말은 왠지 싫

어요. 노력하라는 말 자체가 지금 노력하고 있지 않다는 말처럼 들려서일지도 모르겠습니다. 그런데 이렇게 고민하고 방황하는 것 자체가 노력하고 있다는 증거 아닐까요. 중요한 건 '노오력'이 아니라 '시작'인 것 같습니다. 익숙한 지금 상태에서 벗어나 뭔가를 새로 시작한다는 것 자체가 사실 무척 불편한 일입니다.

해보고 싶은 게 있나요? 그럼 일단 그냥 저지르세요. 해보고 아니면 포기하면 그만입니다.

Q

죽기 전에 꼭 하고 싶은 일 세 가지는 무엇인가요?

①

②

③

그 일을 위해서 시작해야 할 일은 무엇인가요?

실패에서 성공까지

    나의 성장 이력이 미래의 나를 만드는 기초가 됩니다. 경험은 꼭 사적인 것이 아니어도 좋습니다. 회사에 다니면서 했던 일, 겪어본 경험도 좋아요. 예를 들어볼까요. 2012년의 어느 날 일입니다. 저는 제약회사에 다니는 영업직원입니다. 제가 하는 일은 의사 선생님을 만나서 약을 소개하고 처방으로 이끄는 것입니다. 즉, 약을 파는 것입니다. 오늘은 새로운 의사 선생님이 왔습니다. 외래 환자들 틈에 앉아서 진료가 마치기를 기다립니다. 기다리는 몇 시간 동안 머릿속에 수많은 시나리오를 가정해봅니다. 웃는 얼굴로 안부를 물어봐준다면 좋겠지만 그럴 가능성은 적습니다.

- · 말이 없는 분이라면?
- · 나가라고 한다면?
- · 피곤하다는 말을 한다면?
- · 휴대전화만 본다면?

    각 시나리오에 대한 답을 생각해봅니다. '만약 말이 없으신 분이라면 나는 어떤 말을 할 것인가. 내가 이런 말을 한다면 A라는 반응이 나올까, 아니면 B라는 반응이 나올까. A라는 반응이 나온다면 내가 이런 말을 하고 만약 B라는 반응이 나온다면 이런 말을 해야겠다.' '근데 나가라고 한다면 그냥 나갈 것인가, 아니면 무슨 말이라도 한마디하고 나올 것인가. 한마디라도 더 하고 나가면 다시는 대면할 수 없을 성향이라면 그냥 나와야겠다. 하지만 한마디를 한다면 어떤 의미 있는 대사를 칠 것인가.' '피곤하다고 말하면 저도 피곤한데요라고 대답할까. 그럼 다신 발을 붙일 수 없겠지. 힘내라고 음료수라도 한 병 올려놓고 나올까. 부담스러울까. 그래, 하지 말자. 피곤한 분을 피곤하지 않게 하는 산뜻한 이야기가 뭐 있을까. 여행 갔다 온 이야기를 해볼까. 이야기하는 걸 좋아하는 분이라면 여행에 대한 조언을 해달라고 해볼까.' '만약 휴대전화만 본다면 웃긴 표정을 지어볼까. 진짜 내 얼굴을 안 보고 있는지 알아보게. 아침 기사를 말해볼까. 어떤 대답을 할까. 나는 그러면 어떤 대답을 해야겠구나.'

문을 두드리고 들어가 길어야 5분, 짧으면 2분 정도 말을 합니다. 이 순간을 위해서 얼마나 많은 생각을 하는지 모릅니다. 퇴근할 때면 회사에 문자보고를 해야 되는데요, 이제는 보고를 위한 문자 타자가 시작됩니다. '언제 무엇을 했고 어떤 결과를 도출함.'

이 경험이 제약회사에서만 쓰일 수 있는 경험일까요? 아니에요. 이 경험은 제가 강의를 하는 데 있어 큰 자산이 되었습니다.

'사람들 앞에서 어떤 말을 하면 관중은 어떤 반응을 할까.'

'A라는 반응을 보인다면 이렇게 이야기하고, B라는 반응을 보이면 이렇게 이야기해야겠다.'

'만약 반응이 없는 관중이라면 나는 어떤 강의 기법을 활용할 것인가.'

실패에 대해서 두려워하지 마세요. 사실 사람에게 실수한 게 가장 기억에 많이 남고 창피합니다. 하지만 하나 알아두셔야 할 게 있는데요. 그 사람은 당신의 실수를 기억하지 않습니다. 왜냐, 그건 그 사람의 일이 아니니까요. 그 사람 인생을 살기에도 벅찰 거예요.

실패의 장점은 '하지 말아야 했던 것들'로부터 깨닫고 미래에 같은 실수를 반복하지 않는 것입니다. 실패가 유일하게 나쁜 경우는 실패 속에 빠진 그 순간뿐입니다. 실수와 실패를 한 경험도 중요합니다. 그 또한 인생에서 하나의 소득이니까요.

• • •   나! 이렇게 성장해왔어요.

실패한 일

깨달은 점

지금 대응한다면

다시 시작, 공부

대기업에 다니는 K씨는 주말이면 스킨스쿠버를 합니다. 이제 곧 자격증도 딸 생각입니다. 가슴이 벅찹니다. 좋아하는 것에 한 발짝 내딛는 기분이란 아마 이런 거겠죠.

회사에서 최고의 자리에 올라가는 것이 꿈은 Y씨. 이제 적당히 회사일도 익숙해졌고, 이 분야에 관한 더 많은 공부를 하고 싶습니다. 그래서 결정한 대학원. 대학원에 가기 위해서는 적지 않은 금액이 필요할 것 같습니다.

사회복지 분야에서 일하는 M씨에게 유일한 낙은 커피입니다. 도시 외곽에서 커피숍을 차리는 것이 그의 꿈입니다. 하지만 꿈을 위해서 먼저 해야 할 것은 커피 바리스타 자격증을 따는 것입니다. 일단 평생교육원 등에 무료로 배울 수 있는 곳이 있는지 찾아볼 생각입니다.

공무원인 K씨. K씨에게는 부러운 친구가 한 명 있습니다. 미술을 하는 친구죠. K씨는 도자기를 빚는 공방을 차리고 싶습니다. 그리고 다른 분들도 자신의 공방에 와서 소중한 기억을 가지고 갔으면 하는 바람이 있어요. 이를 위해서 먼저 도자기 만드는 방법부터 배우고자 합니다.

좋아하는 것과 잘하는 것은 다릅니다. 목표한 바도 모두 다릅니다.
자신의 분야가 있으니까요. '나'의 분야는 무엇인가요?

앞으로 할 일을 위해 필요한 공부와 비용을 적어봅시다			
언제	목표	필요자격증 또는 해야 할 공부	비용

미래의 명함

끊임없이 변화하고 성장하는 나, 미래의 내 모습은 어떨까요? 무척 기대됩니다.

나를 보여주는 한 장의 종이가 있습니다. 명함입니다.

없는 사실을 적어서 다른 사람에게 주는 건 사기일 테지만, 미래의 명함을 만들려면 상상이 필요합니다.

앞면에는 회사명, 또는 하는 일.

뒷면에는 이력을 적어서 신뢰감을 주면 좋습니다.

특이하게 만들어도 매력적일 것 같습니다.

오래전 강사가 되고 싶었을 때 처음으로 한 일은 명함을 파는 일이었습니다.

일단 만들고 봅니다. 그리고 뿌리면 됩니다.

앞으로 만들거나 다닐 회사의 이름을 정하세요.

하고 싶은 일을 적어도 좋습니다.

그에 맞는 로고를 그려보세요.

아니면 그림이나 사진도 좋습니다.

최근에 제가 만든 두 번째 명함은 이렇습니다.

상큼함의 끝이죠?

윤 성 애
작가/강사/칼럼니스트
금융감독원 인증 금융교육 전문강사

E. camic3@naver.com
http://blog.naver.com/camic3

집필	자격사항
저서 『돈 없어도 나는 재테크를 한다』	국가공인 자산관리사
· · · · · · · · · · · · · · · · · ·	국가공인 신용상담사
칼럼 <뱅크샐러드> 금융예거진	공인중개사
- 네이버 포스트 <대출 이자 줄이는 방법 A to Z>	증권투자상담사
- 카카오톡 채널 <겨울철 가스비 어떻게 절약하지?> 등	선물거래상담사 등

미래에 사용할 명함을 만들어봅시다

앞

뒤

웰빙과 웰다잉

건강을 잃는다면

돈보다 더 가치 있는 것, 많은 사람이 꼽는 그것은 바로 '건강'입니다. 삶을 누리려면 건강해야 합니다. 그리고 건강은 건강할 때 지켜야 합니다. 젊을 때부터 지켜야 하지요. 나이가 들어서 건강을 되찾을 수 있을까요? 아니죠. 젊어서부터 건강 관리를 해야 합니다. 운동! 식이조절! 건강은 육체적 건강만을 의미하는 것이 아닙니다. 정신적 건강도 중요합니다. 정신적 건강과 육체적 건강이 동떨어진 걸까요? 그렇지는 않죠.

"스트레스는 만병의 근원이다."

노후는 돈으로만 보내는 것이 아닙니다. 건강해야 행복한 노후를 누릴 수 있습니다. 돈이 아무리 많다고 한들 누워서 남은 삶을 보내야 한다면? 여행도 할 수 없고 하고 싶은 대부분을 할 수 없을 것입니다. 젊어서는 돈을 벌기 위해 건강을 관리하지 못하고, 늙어서는 병원비로 벌어놓은 돈을 다 쓰고. 건강 관리야말로 미래를 위한 진정한 투자일 수 있습니다.

지난 일주일의 일과 중 건강에 투자한 시간을 적어보세요. 건강에 투자한 시간은 파란색으로 표시하고, 그와 반대되는 것은 빨간색으로 표시해보세요.

건강에 투자한 시간	투자하지 못한 시간
운동 취미생활 등 검진(건강검진, 치아검진) 기타	밤새운 날 수면이 부족한 날 쉬지 못한 휴일 음주 흡연

월	화	수	목	금	토	일

내 죽음은 내가 선택한다! 사전연명의료의향서

일에 치여 사는 Y씨는 오늘도 어김없이 회사일로 밤 자정이 넘어서야 집에 들어왔습니다. 너무 피곤합니다. 대충 세수만 하고 잠자리에 듭니다. 방금 눈을 감은 것 같은데. 시끄럽게 울리는 새벽 알람소리. 직장까지는 한 시간이 넘게 걸리는 거리입니다. 지체할 시간이 없어요. 기계적으로 일어나서 출근 준비를 합니다. 그리고 잊은 건 없는지 다시 한 번 확인합니다. '휴대폰, 지갑, 차 키.' 늘 그랬듯 고속도로를 타기 위해서 IC로 진입, 얼마나 달렸을까요. 지금 이 순간 세상에서 제일 무거운 건 눈꺼풀이 아닌가 싶습니다. 졸음 쉼터가 보이지만 지금 저곳에 간다면 분명 지각을 할 게 뻔합니다. 그런데 갑자기 나타난 직장상사의 얼굴.

"???"

(번쩍) 눈앞에 바로 가드레일이 있는 게 아니겠어요. 급하게 핸들을 꺾었습니다. 그렇습니다. 직장상사의 얼굴은 잠깐 졸음운전을 하면서 꿨던 꿈이었어요.

목요일은 공휴일, 금요일 연차를 써서 목, 금, 토, 일 총 4일을 쉬게 된 L씨. 미리 예매해둔 고속버스를 타고 고향으로 향했습니다. 얼마 지나지 않아 꿀잠에 빠져드는데 갑자기 쿵 하는 소리와 멈춘 버스. 고속버스의 앞유리가 산산조각이 났습니다. 앞에 가는 버스와 부딪힌 것이었죠. 안전띠를 맸음에도 몸이 앞으로 튀어나갈 것만 같은 느낌이었습니다.

한 치 앞도 모르는 게 인생이라 했던가요. 어릴 적부터 살아왔던 동네에 아는 사람 얼굴이 점점 줄어듭니다. 질병으로, 또는 갑작스러운 사고 등으로 많은 분이 세상을 떠나셨기 때문입니다. '죽음을 뭐 지금부터 생각하나' 할지도 몰라요. 하지만 죽을 때쯤에 죽음을 준비하는 것은 너무 슬플 것 같습니다. 나보다 곁에 있는 가족에게요.

저는 사전연명의료의향서가 시행된 후 바로 국민건강보험공단에 방문하여 신청하였습니다. 언젠가 병원에서 연명의료를 받아야 할지 말아야 할지 결정해야 할 순간이 왔을 때, 그때 제가 의식이 없다면 아들이 대신 그 결정을 내려야 하겠지요. 하지만 어머니를 보내드릴 수도, 보내드리지 않을 수도 없는 그 마음. 둘 중 어떤 선택도 아들에게 너무 가혹한 선택이 될 것 같았습니다.

연명의료 결정제도는 2018년에 처음 시행되었습니다. 임종 과정에 있는 환자에게 죽음에 이르는 기간만을 연장하기 위해서 연명의료(심폐소생술, 혈액투석, 항암제 투여, 인공호흡기 착용 등)를 시행하지 않거나 중단할 수 있는 기준과 절차를 정립해 국민의 삶을 존엄하게 마무리할 수 있도록 지원하는 제도입니다. 그리고 '사전연명의료의향서'란 19세 이상인 사람이 자신의 연명의료 중단 등 결정 및 호스피스 의료 서비스에 관한 의사를 직접 문서로 작성해두는 것입니다.

전국으로 강의를 다니다 보니 위험한 순간도 많았던 것 같습니다. 졸음운전을 하는 트럭 뒤를 따르다 가까스로 피한 적도 있어요. (앗!

이런 글을 쓰면 엄마가 읽고 걱정하실 것 같아요. 그래서 이 정도로만 쓸래요.) 그래서 한 번쯤 그런 생각을 한 적이 있습니다. '내가 만약 죽는다면 아마 교통사고가 확률이 제일 높을 것 같은데, 내 재산은 어떻게 되는 걸까?' 법정 상속인 순위대로 가겠지요. 먼저 1순위, 남편과 아이. 그런데 부모님께도, 다른 이에게도 재산 일부를 드리고 싶다면? 미리 유언장을 써야겠죠. 예를 들어보겠습니다.

> [유언장]
> 내 재산의 1/2은 남편에게 줌. 그리고 나머지는 내가 죽고 나서 너무도 슬퍼할 우리 집 강아지 뽀삐에게 줌.

우리나라에서는 아직 반려동물에게 재산을 상속해줄 수 없으므로 현실적으로 다시 작성해보겠습니다.

> [유언장]
> 내 재산의 ○원은 남편에게, ○원은 부모님께, ○원은 언니에게 상속한다.
> 2019년 햇볕이 따뜻한 어느 가을날. 김말자

이렇게 적으면 아무리 진심을 다해 썼더라도 유언장으로는 무효에요. 유언장은 민법이 정한 요건을 갖춰야만 유효합니다. 제가 죽고 나서 누군가 나쁜 마음을 갖고 저인 척 위조, 변조하여 재산을 가로채는 일이 있을 수 있으니까요. 깐깐하게 유언 요건을 정하는 게 옳은 것 같습니다.

유언장의 방식은 크게 다섯 가지입니다.

· 자필 증서에 의한 유언

· 녹음에 의한 유언

· 공정 증서에 의한 유언

· 비밀 증서에 의한 유언

· 구수 증서에 의한 유언

이 중에서 가장 흔하고 돈 안 드는 자필 증서에 의한 유언에 대해 알아보겠습니다. 자필 증서의 경우, 유언자가 그 전문과 연월일, 주소, 성명을 적고 날인하여야 합니다.

필수 사항

· 성명 기재

· 유언한 년도, 월, 일까지 작성

· 구체적인 주소. 동, 호수, 지번까지 세부적으로 기재

· 유언 내용은 자필이어야 함(대필 X, 컴퓨터 작성 X)

· 날인, 도장 또는 지장(서명은 무효)

· 내용 수정 시 자필로 고치고 날인해야 함

필수 사항을 바탕으로 다시 작성해보겠습니다.

[유언장]

유언자: 김말자

주소: 서울시 ○○구 ○○동 11-1번지 ○○아파트 101동 101호

유언 사항: 내 재산의 ○원은 남편에게, ○원은 부모님께, ○원은 동생에게
          상속한다.

작성 일자: 2019년 10월 7일

유언자: 김말자 (인)

도장 또는 지장 팍! 찍어야겠죠. 도장은 막도장도 되지만 완벽을 위해 인감도장을 추천해드립니다.

사실 죽음은 너무도 흔한 일입니다. 단지 아직 내가 겪지 않았을 뿐이지요. 안락한 삶을 설계하는 '웰빙'만큼 중요한 게 아름다운 마지막을 설계하는 '웰다잉'이 아닐까 싶습니다. 멀리 있는 죽음을 생각하면 오히려 지금의 삶을 계획하는 데도 도움이 될 것 같습니다. 그리고 아이러니하게도 죽음을 내다보는 건 어떻게 살아가야 하는지에 대한 힌트를 줍니다.

인생에 곡선이 있다면

강의 시작 전 아이스브레이킹으로 인생 그래프를 활용하기도 합니다. 그려보면 오르내리기를 반복하며 좋은 날도 있고 그렇지 않은 날도 있습니다.

고등학교 금융 동아리 친구들을 대상으로 경제 강의를 진행할 때 함께 인생 그래프를 그려본 적이 있습니다. 그때 한 친구가 아래와 같은 그래프를 그렸습니다.

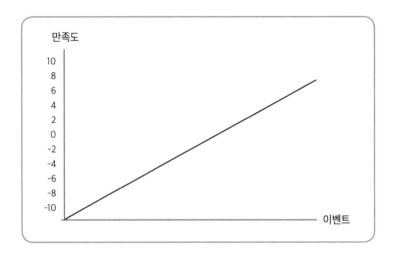

어떤가요? 제 눈엔 특이했습니다. 보통은 인생 그래프를 곡선으로 표현합니다. 그래서 인생 그래프를 인생 굴곡 그래프라고 부르기도 합니다. 그런데 이 친구의 그래프는 우상향 직선이었습니다.

'과연 인생이 이럴 수 있을까?' 집으로 돌아가는 내내 그래프에 대해서 많이 생각해봤습니다. 그리고 생각의 끝에 다다랐습니다.

'아! 이것이야말로 이상적인 인생의 그래프일지도 모르겠다.'

이 그래프가 가능해지려면 두 가지 전제조건이 필요합니다.

① 어제보다 내일이 더 나은 날이어야 한다.
② 인생의 절정기는 삶이 다하는 날이다.

후회는 어떻게든 남겠죠. 하지만 삶이 다하는 날, 꿈이 이루어진 모습을 상상한다면 좀 더 이상적인 삶을 살 수 있지 않을까요?

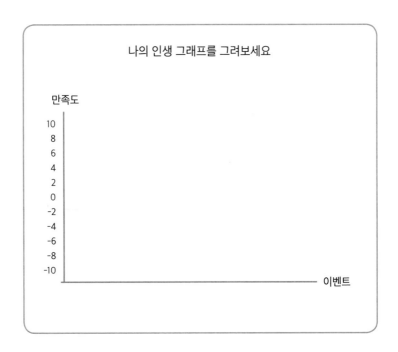

아름다운 이별

언젠가 한 번은 찾아올 모두와의 이별. 인생은 끝을 맞춰봐야 합니다. 당신은 어떤 사람으로 남고 싶나요?

나의 오랜 친구들도 와주었네요. 친구들이 기억하는 나는 어떤 사람일까요?

"성애는 평소에 힘든 일이 있을 때 함께해주고, 기쁜 일이 있을 때 나보다 더 기뻐했으며, 예능인보다 더 토크가 재밌고 매력적인 친구였어."

그 광경을 보고 나는 생각합니다.

나는 다른 사람을 즐겁고 유쾌하게 만드는 목표를 이루었고, 비타민과 같은 사람이 될 수 있었다.

> **• • •**
>
> **Q**
>
> 이곳은 한 사람의 장례식이 치러지고 있는 장례식장입니다. 향초 냄새가 짙게 풍깁니다. 하얀 국화꽃 사이로 영정사진도 보입니다. 밝게 웃고 있는 영정사진의 주인공은 바로 '나'입니다.
> 많은 사람이 보입니다. 가족들이 함께 이야기를 나누고 있습니다. 배우자의 모습이 보입니다. 사람들에게 배우자가 기억하는 당신 모습을 이야기하고 있습니다.

Q

"___(나의 이름)___ 은/는 평소에 ___(어떻게)___ 으며,
___(어떤)___ 아내/남편이었어요."

___(형제자매)___ 도 보여요. 형제자매가 기억하는 나의 모습에 대해서 말하였습니다.
"___(나의 이름)___ 은/는 평소에 ___(어떻게)___ 으며,
___(어떤)___ 사람이었어요."

이제는 다 커서 어른이 된 아이들(자녀)이 이야기합니다.
"___(엄마/아빠)___ 은/는 평소에 ___(어떻게)___ 대해주셨어요.
___(어떤)___ 엄마/아빠였어요."

나의 오랜 친구들도 와주었네요. 친구들이 기억하는 나는 어떤 사람일까요?
"___(나의 이름)___ 은/는 평소에 ___(어떻게)___ 으며, 내게
___(어떤)___ 친구였어."

직장동료들의 모습이 보입니다. 그들이 말하는 나는 어떤 사람이었을까요.
"___(나의 이름)___ 은/는 회사에서 ___(어떻게)___ 으며,
___(어떤)___ 사람이었어요."

그 광경을 보고 당신은 생각합니다.
나는 _____ 목표를 이루었고,
_____ 와/과 같은 사람이 될 수 있었다.

나를 기억할 사람들

저는 주변 사람들을 행복하게 만드는 사람이 되고 싶습니다. 타인을 웃게 하고, 곤경에 처한 사람들을 도와주는 사람, 그런 사람이 되고 싶습니다. 긍~정 파월!!

가끔 그런 저를 보고 친구는 말합니다. "착한 척 하지 마."

그래도 저는 꿋꿋이 착한 척하고 살고 있습니다. 진짜 착하지는 않을지 몰라도 착한 척이라도 하고 살아야 진짜 착해지지 않을까 하고요.

사람들의 장점을 찾아서 얘기해줄 수 있는 사람이 되고 싶습니다. 칭찬의 한마디가 누군가의 인생을 변화시킬 수 있다고 믿기 때문입니다. 따뜻한 말, 향기 나는 칭찬 한마디가 세상을 가득 채울 수 있도록 말이죠.

사람들에게 기억될 나의 모습은 어떤지 적어보았나요. 이를 위해서는 어떻게 행동하고 살아야 할까요? 내가 적는 답이 나의 정답입니다. 생각나는 대로 적어보세요. 예를 들어 이런 식으로 작성하면 될 것 같습니다.

대상	행동
배우자	건강한 요리 해주기 짜증 내지 않기
부모님	자주 찾아뵙기 자주 전화드리기 1년에 한 번은 치과에 모셔가기
친구	친구의 대소사 챙기기 생각날 때 아무 이유 없이 연락하기

한번 적어볼까요?

대상	행동

마지막 질문

지금까지의 내용을 종합해서 보면, 돈은 단순히 돈이 아닙니다. 돈은 꿈을 이루어주는 수단이면서 인생을 엿보는 방법이기도 했습니다. 돈에 대한 생각이 곧 인생설계로 이어지는 이유이기도 했고요.

1부 '월급쟁이 부자되기'에서는 꿈과 돈의 연결고리와 선택의 문제에 대해 살펴보면서 소비와 돈 관리법에 관해 공부했습니다.

2부 '알쓸신금(알아두면 쓸 데 많은 신비한 금융지식)'에서는 직장인이라면 1년 안에 당장 해야 할 연말정산 보너스 받는 방법과 향후 5년 이내에 이루어질 수 있는 주택 마련에 관한 주의점 및 부동산 절세 방법에 대해 살펴보았습니다.

3부 '100세 시대를 준비하는 재테크'에서는 시간 관리가 왜 돈이랑 밀접한 관련이 있는지에 대해, 시간 관리를 잘하는 방법에 대해 알아보고, 퇴직 후에 즐겁게 할 수 있는 새로운 일을 찾아가는 과정과 인생 마지막을 준비하기까지 해보았습니다.

지금까지 저는 당신의 삶에 많은 질문을 던져왔습니다. 하지만 당신에게 필요한 진짜 질문은 당신 마음속에 있을 것입니다. 끝으로 묻겠습니다. 당신은 자신에게 어떤 질문을 하고 싶은가요?

나는 스스로에게 어떤 질문을 하고 싶은가?

당신은 부자입니까?

"당신은 부자입니까?"

강의하면서 가장 많이 받는 질문이 아닐까 싶어요. 부자의 종류는 크게 세 가지입니다.

첫 번째 유형은 비현실적인 부자입니다. 순자산이 수백억 이상을 보유하고 있거나 건물주인 경우도 많습니다. 보통 국내에서 활동하기보다는 국외에서 해외여행 등을 하면서 지냅니다. 금수저인 경우가 대부분이죠. 들어는 보았는데 본 적은 없는 신기루와 같은 사람들입니다. 하지만 대부분은 그들의 노력으로 이뤄낸 것이 아니므로 글쎄요.

두 번째는 현실적인 부자입니다. 사람은 살면서 누구나 비슷한 이벤트를 거칩니다. 연애하고, 결혼하고, 아이를 낳아 기른 후, 노후를 보내게 되죠. 그렇다면 살면서 꼭 수백억대의 돈이 필요할까요? 아닙니다. 살아가기에 필요한 만큼 돈이 있으면 됩니다. 이것이 우리의 노력으로 이룰 수 있는 현실적인 부자입니다.

3년 전 저는 『돈 없어도 나는 재테크를 한다』라는 제목의 책을 냈습니다. 그때는 돈이 없었어요. 왜? 주택담보대출을 다 상환하고 나니까 가진 돈은 0원. 돈은 없지만 빚도 없는 상태가 되었습니다. 3년이 지난 지금은 어떨까요? 당연히 더 많은 자산을 쌓아왔겠죠. 지금과 같은 소비패턴이라면 문제없이 생애 이벤트를 치를 수 있을 것 같습니다. 이런 면에서 저는 두 번째, 현실적인 부자입니다. 또한 저는 세 번째 부자이기도 합니다.

세 번째 유형의 부자는 바로 '최고의 부자'입니다. 많은 사람들이 첫 번째 또는 두 번째 유형을 가리켜 최고의 부자라고 생각하기도 합니다. 하지만 진짜 '최고의 부자'는 '가진 모든 자산을 잃어도 다시 일어설 수 있는 능력이 있는 사람'이 아닐까요?

마지막까지 『하루 5분 부자노트』와 함께해주셔서 감사합니다.

인생이 바뀌는 진짜 돈 공부

하루 5분 부자노트

1판 1쇄 찍음	2019년 12월 4일
1판 1쇄 펴냄	2019년 12월 11일

지은이	윤성애
펴낸이	조윤규
편집	민기범
디자인	홍민지

펴낸곳	(주)프롬북스
등록	제313-2007-000021호
주소	(07788) 서울특별시 강서구 마곡중앙로 161-17 보타닉파크타워1 612호
전화	영업부 02-3661-7283 / 기획편집부 02-3661-7284	팩스 02-3661-7285
이메일	frombooks7@naver.com

ISBN	979-11-88167-24-1 03320

이 도서의 국립중앙도서관 출판예정도서목록(CIP)은 서지정보유통지원시스템 홈페이지 (http://seoji.nl.go.kr)와 국가자료공동목록시스템(http://www.nl.go.kr/kolisnet)에서 이용하실 수 있습니다. (CIP제어번호 : CIP2019047592)